앞선 생각으로
백성 사랑을 실천한 학자
정약용

이야기/교과서/인물 정약용

초판 제1쇄 발행일 2017년 1월 20일
초판 제4쇄 발행일 2023년 7월 1일

글 이재승, 김민중 그림 권아라

발행인 윤호권 사업총괄 정유한
발행처 (주)시공사 주소 서울시 성동구 상원1길 22, 6-8층 (우편번호 04779)
대표전화 02-3486-6877 팩스(주문) 02-585-1247
홈페이지 www.sigongsa.com / www.sigongjunior.com

ⓒ 이재승, 김민중, 권아라, 2017

이 책의 출판권은 (주)시공사에 있습니다.
저작권법에 의해 보호를 받는 저작물이므로, 무단 전재와 무단 복제를 금합니다.

ISBN 978-89-527-8485-8 74990
ISBN 978-89-527-8164-2 (세트)

*시공사는 시공간을 넘는 무한한 콘텐츠 세상을 만듭니다.
*시공사는 더 나은 내일을 함께 만들 여러분의 소중한 의견을 기다립니다.
*잘못 만들어진 책은 구입하신 곳에서 바꾸어 드립니다.

사진 자료 제공 | 11쪽 다산 초당, 13쪽 다산 초당 내 정약용 영정, 14쪽 정석, 15쪽 약천, 16쪽 다조, 17쪽 연지석가산, 94쪽 윤지충 순교터, 새남터 성당, 95쪽 황사영 백서 **연합뉴스** | 38쪽 《성호 이익 영정》, 39쪽 《성호사설》 **성호기념관** | 52쪽 《한강주교환어도》 **국립고궁박물관** | 53쪽 수원 화성 서북공심돈 **이형준** | 55쪽 《화성성역의궤》, 106쪽 《자산어보》 **규장각한국학연구원** | 117쪽 《목민심서》 **실학박물관**

KC마크는 이 제품이 공통안전기준에 적합하였음을 의미합니다.
제조국 : 대한민국 사용 연령 : 8세 이상
책장에 손이 베이지 않게, 모서리에 다치지 않게 주의하세요.

앞선 생각으로
백성 사랑을 실천한 학자

정약용

이재승, 김민중 글 | 권아라 그림

시공주니어

차례

작가의 말 … 6
정약용을 찾아가다 … 8

1장 공부가 이토록 즐겁다니 … 18
역사 한 고개 정약용의 가문 … 26

2장 우리에게 도움이 된다면 … 28
역사 한 고개 성호 이익과 실학 … 38

3장 새로운 기술을 연구하는 자세 … 40
역사 한 고개 정조와 수원 화성 … 52

4장 공정과 청렴을 근본으로 하다 … 56

5장 땀 흘리는 백성이 눈물까지 흘려서야 … 68

6장 어디서나 백성이 보인다 … 80
역사 한 고개 조선의 천주교 탄압 … 94

7장 아버지의 이름으로, 학자의 마음으로 … 96
역사 한 고개 정약전과 《자산어보》 … 106

8장 세상을 바꾸는 생각 … 108
역사 한 고개 《목민심서》 … 116

9장 벼는 익을수록 고개를 숙이니 … 118

정약용에게 묻다 … 126
정약용이 걸어온 길 … 130

정약용을 만나다

 다산 정약용은 그 명성만큼 우리에게 무척 친숙한 인물입니다. 유네스코 세계 문화유산인 수원 화성을 설계하였고, 지금도 많은 사람들이 일생에 한 번은 꼭 읽어야 할 책으로 꼽는 《목민심서》를 쓴 인물로, 모르는 사람이 거의 없을 정도지요. 그렇게 잘 알려진 인물이지만 우리는 정약용에 대해 실학자, 천재 과학자, 많은 책을 쓴 사람 정도로만 알고 있는 것 같습니다. 그러나 그것은 정약용의 삶의 한 부분일 뿐입니다.
 이 책은 정약용을 제대로 알고 그가 어떤 사람이었는지 이해하는 데 도움이 될 것입니다. 정약용은 어린 시절부터 공부를 열심히 했고, 과거에 급제하여 벼슬을 할 때에는 잠시도 쉬지 않고 나라와 백성을 생각한 인물입

니다. 또한 누명을 쓰고 오랜 유배 생활을 할 때에도 절망하지 않고 잘못된 세상을 바로잡겠다는 굳은 의지로 책을 쓰고 연구를 하였습니다. 그리고 정말 백성을 자기 몸같이 사랑한 따뜻한 학자였습니다.

정약용은 독서를 가장 중요하고 소중한 것으로 생각했습니다. 항상 부지런하고 공정하고 청렴했습니다. 그 바탕에는 언제나 백성이 있었고 강하고 튼튼한 나라, 살기 좋은 나라를 만들고자 하는 정신이 있었습니다. 때늦은 이야기지만 그때 사람들이 정약용의 말에 조금이라도 귀를 기울였다면 우리나라는 훨씬 더 나은 모습이 되어 있을지도 모릅니다. 지금 우리가 정약용을 생각할 때 가장 답답하고 안타까운 점이기도 합니다.

정약용은 세상이 자신을 필요로 할 때에는 뛰어난 두뇌와 문제 해결 능력으로 자신의 역할을 다했습니다. 세상에서 버림받았을 때에도 원망하거나 자신의 처지를 한탄하지 않고 오로지 더 나은 세상을 위하여 고민하고 노력했습니다.

이제 정약용의 이야기를 읽으며 위대한 개혁자 정약용이 오늘날의 우리에게 무슨 말을 해 주고 싶을지 생각해 보세요. 〈역사 한 고개〉를 읽으면 빠르게 변해 갔던 조선 후기의 주요 사건들을 생생하게 느낄 수 있고, 그러한 변화 속에 살아갔던 정약용의 삶을 더욱 깊이 이해할 수 있을 것입니다.

정약용은 말했습니다. 언제나 자신의 일에 최선을 다한다면 모두가 살기 좋은 세상은 반드시 온다고. 과연 그 말이 맞는지는 이제부터 책장을 넘겨서 확인해 봐야겠죠?

이재승, 김민중

● 정약용을
찾아가다

다산 초당
정약용이 유배 당시 머물며 실학을 연구하고
《목민심서》 등 주요 저서를 남긴 곳.
전라남도 강진군 도암면 다산초당길 68-35

"원, 정치인들이 저래서야……. 국민을 생각하는 마음이 조금이라도 있는지 의심스럽군."

아버지가 텔레비전 뉴스를 보면서 혀를 차셨다.

"아빠, 왜 그러세요?"

"정치인들이 국민을 위한 정치는 안 하고 서로 헐뜯기만 한다는구나."

"왜 그러는 걸까요?"

"그야 뻔하지. 국민들의 생활을 생각하기보다 자기 체면이나 이익만 생각하기 때문이겠지."

"정치인은 다 저런 거예요?"

"꼭 그렇진 않아. 훌륭한 분들도 많이 있지. 그렇지만 요즘엔 정약용 같은 정치인은 정말 드물어."

"정약용요?"

정약용이라면 학교에서 배워서 이름은 알고 있다. 실학자라고 들었는데 정치를 했는지는 모르겠다.

"그래, 정약용이야말로 진정으로 백성을 사랑하고 백성을 위한 정치를 하신 분이지. 그래서 유네스코에서는 지난 2012년 정약용 탄생 250주년을 맞아 이를 기념일로 선정하기도 했단다. 그런 분이 뜻을 제대로 펼치지도 못하고 긴 유배 생활로 고생만 하셨으니……."

"유배요? 얼마나 길었는데요?"

"글쎄다. 이것저것 다 합치면 20년쯤 된다던데…… 오죽하면 유배 생활의 지루함을 달래려 돌에다가 글자까지 새겼잖니."

"돌에다가 글자를 새겨요?"

전문 기술자도 아닌 양반 선비가 어떻게 돌에 글자를 새긴단 말일까?

"그래. 검색해 볼까? 다산 초당…… 아! 여기 있구나."

나는 아버지의 스마트폰으로 눈을 가져갔다. 정말 커다란 돌에 한자로 '정석(丁石)'이 새겨져 있는 사진이 보였다.

"단순하게 정약용 선생의 성씨인 '정'과 돌 '석' 글자만 새긴 거란다. 쓸데없이 복잡한 것은 잘못된 것이라는 실학의 정신을 담고 있대."

"우아, 아빠 많이 알고 계시네요."

단단한 돌에 글자를 새길 생각을 한 정약용에 이어 아버지도 대단해 보였다.

"녀석, 비행기 태우기는."
"그럼, 우리 이거 보러 가면 안 될까요? 돌에 어떻게 글자를 새긴 건지, 너무 보고 싶단 말이에요."
그때, 어머니가 사과를 깎아 오시며 말씀하셨다.
"잘됐네요. 이번에 회사에서 해남 땅끝 마을로 수련회를 가는데, 거기서 다산 초당이 가깝잖아요."
"그래요? 거기에 이 녀석이 가도 되나?"
"아들이 공부를 하겠다는데 그 정도도 못 해 줘요? 가족 동반도 가능하고 버스에 자리도 넉넉해요. 아들, 이번에 엄마가 다산 초당에 데려가 줄게. 아빠는 바쁘시니까. 대신에 아들은 뭘 해 줄래?"
어머니가 눈을 가늘게 뜨며 은근한 목소리로 물으셨다.
"예? 제가 뭘 해 드려야 해요?"
"그걸 몰라서 묻니? 잘 생각해 봐. 지난달에 스마트폰 요금이 얼마 나왔더라? 게임 아이템이 얼마나 비싸던지……."
"아, 엄마 그거 아빠한테는 비밀로……."
"이 녀석이, 무슨 짓을 한 거야?"
아버지가 사과를 집은 포크를 내려놓고 갑자기 호통을 치셨다.
"호호홋, 당연히 이번 달은 게임 금지고, 다른 것도 좀 있어야겠지?"
"또 뭔데요?"
나는 거의 울상이 되었다.
"그건 갔다 와서 생각하기로 하자."

어머니는 내 기분과는 달리 명랑한 목소리로 말씀하셨다. 나는 궁금하기도 하고 불안하기도 했다. 어쨌거나 게임은 물 건너간 건 분명하다.

토요일 오전, 어머니 회사의 버스에 올랐다.

"어서 오세요. 네가 그 정약용 유배지에 가 보고 싶다던 아들이구나?"

"안녕하세요, 김규빈이라고 합니다."

나는 아저씨가 주는 간식과 음료수를 들고 어머니 옆에 앉았다. 삶은 계란에 김밥까지 있으니 소풍 가는 기분이 들었다.

다산 초당

"자, 해남까지는 꽤나 먼 길입니다. 편안한 마음으로 여행을 즐기시면 되고요. 이번에 윤 차장님 아드님께서 특별히 다산 정약용 선생의 자취를 찾아보고 싶다고 하여, 강진에 있는 다산 초당에 먼저 들르겠습니다. 정약용 선생에 대하여 공부하겠다고 하니 아주 기특한 아이죠?"

"오, 그런 일이 있었어?"

"윤 차장 아들 하나 잘 뒀네."

"뭘요, 그냥 놀러 가고 싶었겠죠."

말은 그렇게 하면서도 사람들의 칭찬에 어머니의 입꼬리는 내려올 줄 몰랐다.

버스는 한참을 달려 강진에 도착했다.

"여기는 다산 기념관입니다. 우선 이곳에 들러 다산 선생에 대하여 알아 보고, 다산 초당으로 가도록 하겠습니다."

다산 기념관에는 정약용에 관한 유물이 많이 전시되어 있었다. 특히 정약용이 유배를 온 강진과 관련한 것이 많았다. 유명한 《목민심서》도 있었다. 정약용은 이곳 강진에서만 《목민심서》를 비롯하여 500권이 넘는 책을 썼다고 한다.

"여기에 쓰여 있구나. '다산 초당에서 실학을 집대성하였다'라고."

"57세에 유배가 풀릴 때까지 18년을 저술에 전념했다고 되어 있네요."

18년이라니. 마음대로 다니지도 못하고 18년을 갇혀 있을 수 있을까. 생각만 해도 끔찍했다. 그런데 그렇게 힘든 시간 동안 책을 500권이나 쓰 다니 정말 대단하다는 생각이 들었다. 그런 힘은 어디서 나왔는지도 궁금

했다.

기념관을 나와서 다산 초당으로 향했다. 야트막한 산길을 올라가는데 걷다 보니 생각보다 멀었다.

"너무 힘들어요, 엄마. 언제 도착하는 거예요?"

"조금만 참아. 정약용 선생은 매일 여기를 오르락내리락했다지 않니."

"여기를 매일 다녔다고요? 우아, 등산의 달인이겠네요."

"까불기는. 매일은 아니고, 여기 밑에 있는 동네랑 자주 왔다갔다했대."

계속 올라가는 길이 조금 지루하다고 느낄 때쯤 정상이 보이고 자그마한 기와집이 나타났다. 다산 초당이었다.

"정약용의 실학사상은 많은 사람들한테 감동을 주었지. 그래서 정약용에게 가르침을 얻으려는 사람들이 많았단다."

다산 초당 내부에 있는 정약용 영정

어머니 말씀에 더더욱 정약용이란 사람에 대하여 알고 싶은 마음이 일었다. 과연 어떤 사람이었을까?

"저기에 '정석'이 있네. 보이니?"

초당 옆으로 난 길을 따라 올라가니 넓적한 바위에 '丁石'이 새겨진 것이 보였다. 글자는 조금도 비뚤지 않고 바르고 아름다웠으며 뭔지 모를 힘이 느껴졌다. 나는 한참 동안 글자를 들여다보았다.

'정말 정약용 선생이 새긴 것일까?'

안내판에는 다산 정약용이 직접 글자를 새긴 것으로 전해진다고 쓰여 있었다. 정석은 '다산 4경'이라고 부르는 네 가지 유적 중 하나라고 한다. 나

정석 (다산 초당 제1경)

는 글자에 손을 갖다 댔다. 이름 모를 작은 벌레들이 글자가 파인 곳에 모여 있다가 깜짝 놀라 흩어졌다. 그것을 보니 벌레들도 이 글자를 좋아해서 모인 것처럼 느껴졌다.

글자를 쓰다듬고 있으니 이 글자를 새겼다는 정약용의 생각이 궁금하고 그를 만나 보고 싶다는 생각이 들었다.

'무슨 생각을 하며 이렇게 글자를 직접 새겼을까.'

나는 한참 동안 정석을 쓰다듬다가 내려왔다.

집으로 오는 길에 어머니가 물으셨다.

"규빈아, 정약용은 어떤 사람이었다고 생각하니?"

"글쎄요, 잘 모르겠어요. 그렇게 많은 책을 쓴다는 것도 신기하고……. 그런데 너무나 오랫동안 귀양살이를 한 것이 불쌍하기도 해요."

정약용이 직접 판 샘으로, 찻물로 사용했다는 약천(다산 초당 제2경)

"그렇지? 엄마도 아주 자세히는 모르지만, 한 가지는 확실하게 말해 줄 수 있어. 다산 정약용은 분명히 네가 잘 알아야 하고 많이 배워야 하는 사람이야."

어머니의 말에 마음속으로 맞장구를 칠 수밖에 없었다. 정약용의 유물 몇 개와 다산 초당을 본 것이 전부지만 이미 정석을 매만졌을 때부터 정약용과 교감을 나누고 싶다는 생각이 들었기 때문이다. 마치 텔레파시 같다는 느낌이었다.

'내가 배워야 할 사람……. 정약용에게서 무엇을 배우면 좋을까?'

"우아, 우리 아들 뭔가 생각이 깊어졌는데? 집에 돌아가면 정약용에 대해서 좀 더 공부해 보는 게 어때?"

"예, 좋아요!"

정약용이 차를 끓이던 바위, 다조
(다산 초당 제3경)

정약용처럼 500권의 책을 쓰지는 못하겠지만 정약용에 대한 책 몇 권 읽는 것 정도는 할 수 있을 것 같았다. 아니, 그 정도는 꼭 해야만 할 일처럼 느껴졌다.

"그럼 이번 달은 게임 안 해도 되겠지?"

"아, 엄마 제발!"

겉으로 불평을 하면서도, 사실 게임을 못 하게 된 것이 별로 아깝게 느껴지지는 않았다. 마음 한구석에 전시관에 새겨져 있던 정약용의 말이 떠올랐기 때문이다.

'독서야말로 인간이 해야 할 첫째의 깨끗한 일이다.'

독서가 그렇게 좋은 거라고? 그럼 이제부터 게임은 잠깐 넣어 두고 독서를 해 볼까? 이왕 하는 거 정약용이 어떤 사람인지 자세히 알아보는 것부터 시작해야겠다.

정약용이 강진 바닷가의 돌을 가져다 쌓은 돌탑, 연지석가산(다산 초당 제4경)

1장
공부가 이토록 즐겁다니

"아니, 이 시를 도대체 누가 썼단 말인가?"

"별것 아니네만, 내 아들 녀석이 썼다네."

"별것이 아니라니? 아직 어린아이가 아닌가?"

"허허 참, 별것 아니라는데……. 여봐라, 귀농이를 불러오너라."

동네 아이들과 한참 흙장난을 하며 놀고 있던 귀농이 아버지의 부름을 받고 달려왔다.

"아버지, 부르셨습니까?"

"오냐, 아버지의 친구들이 네가 쓴 글을 읽고 너를 보고 싶어 하는구나. 어디, 네가 쓴 글을 하나 읽어 주려무나."

귀농은 자기가 쓴 시를 하나 가져와 읽었다.

산

작은 산이 큰 산을 가리니
거리의 멀고 가까움 때문이로다

"오호, 대단한 아이로고."
"이런 글을 일곱 살 아이가 쓰다니."
"사물의 이치를 제대로 생각한 글이야."
아버지의 친구들은 저마다 입이 마르도록 귀농을 칭찬했다.
"아직 장난꾸러기라 걱정이라네."
아버지는 친구들의 칭찬에 흐뭇해하면서도 아들의 장난기를 걱정했다. 귀농이라는 이름을 가진 정 진사의 넷째 아들, 장난을 좋아하고 새까맣게 때 묻은 얼굴로 온 산을 뛰어다니는 아이, 바로 정약용이었다.

정약용은 경기도 마재(지금의 경기도 남양주시 조안면 능내리)에서 태어났다. 아버지 정재원은 실력을 인정받아 여러 벼슬을 거친 선비였다. 그러나 **사도 세자**의 비참한 죽음을 본 후 허탈해져 벼슬을 버리고 시골에서 농사를 지으며 조용히 살기로 마음먹었다. 정재원은 넷째 아들의 이름을

사도 세자
조선 21대 왕 영조의 둘째 아들이며 22대 왕 정조의 아버지. 1762년 영조에 의해 세자에서 폐위되고 뒤주에 갇혀 죽음을 맞았다. 훗날 정조가 '장헌 세자'로 시호를 바꾸었다.

'귀농'이라 짓고, 아들이 복잡하고 어지러운 벼슬을 떠나 자연 속에서 평화롭게 살기를 바랐다. 귀농은 정약용의 어릴 때 이름이었다. 장가를 들고 나서 약용이라는 정식 이름을 갖게 되었다.

"귀농아, 이 글을 읽을 수 있겠느냐?"

"예, 아버지. 하늘 천, 따 지, 검을 현……."

"오호, 벌써 천자문을 읽을 수 있다니!"

정약용은 4세 때 천자문을 익혔다. 글 읽기를 좋아하고 머리가 영특하여 하나를 가르치면 금방 둘을 알았다. 아버지는 정약용에게 글을 가르치는 데 재미를 붙였다.

"영특한 녀석, 글공부의 맛을 알다니 기특한지고."

정약용이 8세가 되었을 때 아버지는 어느 고을에 현감으로 가게 되었다. 어느 날 한 노인이 정약용의 아버지를 찾아왔다.

"내가 몇 날 며칠을 참다가 도저히 말을 안 할 수 없어서 이렇게 찾아왔소이다."

"무슨 일로 그러십니까?"

"현감 댁 넷째 아들이 친구들과 돌아다니며 남의 집 호박에 말뚝을 박고 노는 것을 봤습니다. 그런데 한두 개가 아니라 열 개도 넘게……."

평소 아들의 장난기를 웃어넘기던 아버지였지만 이번에는 달랐다. 즉시 정약용을 불러 불호령을 내렸다.

"당장 종아리를 걷어라!"

정약용은 영문을 모른 채 떨리는 손으로 바지를 걷었다. 인정사정없는 매가 쏟아졌다. 정약용은 아픔을 견디지 못하고 울음을 터뜨렸다.

"왜 매를 맞는지 모르겠느냐?"

"모르겠습니다. 소자가 무슨 잘못을 했습니까?"

"요사이 마을을 돌아다니며 무슨 짓을 한 것이냐?"

"호박에 말뚝을 박고, 무를 뽑고……. 잘못했습니다, 아버지."

눈물이 그렁그렁한 채 정약용이 대답하자 아버지가 다시 물었다.

"왜 그랬느냐?"

"재미가 있어서 그랬습니다."

"너는 그 호박과 무를 가꾸려고 농부들이 얼마나 많은 땀을 흘리는지 아느냐?"

정약용은 대답을 하지 못했다. 미처 생각해 보지도 못한 일이었다. 농부의 땀이라는 말이 아프게 귓가에 울렸다.

"호박 하나, 무 하나가 얼마나 귀한지, 얼마나 많은 사람이 힘들게 가꾸는지도 모르고 글만 좀 읽고 쓸 줄 안다고 사람 노릇을 하겠느냐? 너의 하찮은 장난질 때문에 그 호박을 가꾼 농부가 얼마나 피눈물을 흘렸겠느냐!"

"잘못했습니다, 아버지."

정약용의 눈에서 이제는 아픔이 아니라 후회와 반성의 눈물이 흘렀다. 아버지는 깊게 숨을 쉬고 나서 말했다.

"네가 아무리 심한 장난을 하여도 꾸중하지 않았다만 이번 일은 장난이라고 볼 수 없다. 농부의 수고와 고마움을 모르는 자는 사람으로서 자격이 없느니라. 농사를 하찮게 여기는 자가 책만 읽는다고 사람이 되겠느냐? 네

가 못쓰게 만든 그 호박과 무는 농부가 땀과 눈물로 더위와 추위를 이겨 가며 자식처럼 가꾼 것들이다. 그런 정성과 노력의 소중함을 잊지 말거라."

"명심하겠습니다, 아버지."

마음속에 새로운 바람이 불었다. 깨달음을 얻자 눈빛이 달라졌다.

'나의 생각 없는 장난이 농부들에게 피눈물이 되다니……'

이 일이 있고 나서 정약용의 장난은 눈에 띄게 줄었다. 아버지의 회초리를 통해 얻은 깨달음은 정약용을 한평생 농부의 마음, 백성의 마음을 이해하고 보살펴 주는 사람으로 다시 태어나게 했다. 이것이 농업과 백성을 제일로 여기는 위대한 학자 정약용의 출발점이었다.

7세 때 정약용은 천연두에 걸려 심하게 앓았다. 죽을 고비를 몇 번이나 넘겼지만, 어머니의 지극한 정성으로 천연두를 이겨 내고 말끔하게 나았다. 대신 오른쪽 눈썹 한가운데에 작은 자국이 남았다. 그래서 눈썹이 반으로 갈라져 언뜻 보기에 눈썹이 모두 세 개인 것처럼 보였다. 정약용은 눈썹이 세 개라는 뜻의 '삼미자(三眉子)'라는 별명을 갖게 되었다.

정약용이 9세 때 어머니가 병을 얻어 자리에 눕게 되었다.

"어머니, 저를 두고 가시면 안 돼요. 제발 눈을 뜨세요."

"귀농아, 너는 영특하고 세상의 이치에 밝으니 큰 인물이 될 것이야. 부디 좋은 세상을 만들거라."

이 말을 끝으로 어머니는 세상을 떠나고 말았다. 정약용은 하늘이 무너지는 듯했지만, 어머니의 유언대로 공부를 게을리하지 않았다.

정약용은 그 뒤 새어머니를 맞게 되었고 나이 차가 많이 나는 큰형수의 보살핌을 받으며 자랐다. 새어머니와 형수는 정성껏 정약용을 돌봐 주었고, 장난기 많고 제멋대로인 정약용을 늘 귀엽게 여겼다.

"도련님, 아무리 노는 게 좋아도 얼굴은 좀 씻고 나가세요. 이런 꼴로 나가면 양반 댁 도련님 꼴이 아니라고 사람들이 흉봐요."

"괜찮아요. 좀 안 씻으면 어때요? 원래 인물이 좋은 사람은 너무 깨끗하면 안 되는 거라고요."

"무슨 말씀도……. 세수 안 한 지가 벌써 사흘째예요. 오늘은 얼굴 안 씻으면 진짜 못 나가요. 방문 잠가 버릴 거예요."

"싫어요. 세수는 귀찮단 말이에요. 살려 줘!"

그래도 형수는 정약용이 밉지 않았다.

'우리 도련님, 저렇게 장난꾸러기지만 공부도 잘하고 머리도 영특하니 분명히 훌륭한 인물이 될 거야.'

형수의 생각대로 정약용의 글솜씨는 보통이 아니었다. 친구들은 그를 부러워하며 물었다.

"너는 어쩜 그렇게 글을 잘 짓니?"

정약용은 간단하게 대답했다.

"생각하는 것을 그대로 옮기면 되는데, 뭘."

"그게 그렇게 쉽니?"

"복잡하게 생각하지 말고, 하고 싶은 말을 솔직하게 글로 쓰는 거야."

정약용은 10세가 되자 지은 시들을 모아 처음으로 책을 내게 되었다. 자신의 별명이자 호를 딴 《삼미자집》이었다. 정약용은 책을 읽고 글을 짓는 것을 게을리하지 않았으며 이를 즐겁게 생각했다.

'조상들의 가르침을 얻는 책 읽기는 하면 할수록 배우는 것이 많으니 보람도 있고 재미도 있어. 내 생각을 옮기는 글쓰기는 어려울 때도 있지만 자신 있고 기분 좋은 일이야.'

정약용은 손에서 책을 놓지 않았다. 게다가 읽으면 읽을수록 읽는 속도도 빨라지고 반복해서 읽다 보니 책의 내용을 거의 외는 경지에 이르렀다.

정약용은 책의 재미에 빠지게 되자 단순히 읽고 외는 것에 그치지 않았다. 책 속에 담긴 생각에 호기심을 갖고 의문을 품게 된 것이다.

'왜 세상에는 양반과 상민이 있을까? 나는 왜 양반일까? 세상은 어떻게 만들어졌을까? 왜 양반들은 일을 하지 않아도 호화롭게 사는 것일까?'

책을 읽으면 읽을수록 궁금증도 커져 갔다. 아버지와 형들에게 물어보기도 했으나 돌아오는 대답은 한결같았다.

"모든 것은 책에 다 들어 있다."

그 대답은 정약용의 궁금증을 해결해 주지 못했다. 정약용의 마음속에 새로운 생각이 자라났다.

'책에 모든 것이 다 있지는 않아. 이제부터는 나만의 답을 찾기 위해 책을 의심하고 또 의심해 볼 거야. 책을 있는 그대로 다 믿지는 않을 거야.'

책을 읽는 것만으로 만족하지 않고 책을 의심해 보겠다는 생각, 책 읽기만 좋아하던 어린 정약용이 위대한 학자가 되는 첫걸음을 내딛는 순간이었다. 책을 의심하는 것, 그것은 참된 공부의 시작이었다.

정약용의 가문

정약용은 1762년(영조 38)에 태어났다. 그해는 임오년으로 사도 세자가 뒤주 속에서 비극적인 죽음을 맞이한 해였다. 같은 해 정약용의 아버지 정재원은 진사과에 합격하여 한양에서 하급 벼슬아치가 되었으나, 사도 세자의 끔찍한 죽음에 충격을 받아 벼슬을 내려놓고 고향에 내려가 농사를 짓고 살기로 마음먹었다. 그래서 넷째 아들의 이름을 '귀농'이라 했고, 그가 바로 정약용이다.

정조 때 영의정을 지낸 채제공은 '조선의 이름 있는 집안에서는 홍문관에서 일하는 것을 지극히 명예롭게 여겼다. 홍문관을 옥당이라고 하는데 연이어 8대에 걸쳐 옥당의 벼슬을 한 집안은 정약용 가문뿐'이라고 극찬하였다. 홍문관은 궁중의 책을 관리하고 학문을 연구하면서, 왕이 바른 정치를 하도록 조언을 하는 기관이었다. 이렇게 정약용의 집안은 명문이었으며, 정약용의 고향인 마재도 이름난 명당이었다.

정약용의 생가인 여유당

정약용의 조상은 승문원 교리를 지낸 정자급을 시작으로 참판을 지낸 정수강, 판서 정옥형, 좌찬성 정응두, 대사헌 정윤복, 관찰사 정호선, 교리 정언벽, 참의 정시윤에 이르기까지 모두 8명이 홍문관에 들어가는 것으로 능력을 인정받았다. 그러나 5대조 정시윤이 당파 싸움에 떠밀려 벼슬을 버리고 떠나게 되었다. 정시윤은 한양을 떠나 조용히 지낼 곳을 찾다가 마재로 내려오게 된 것이다. 이후로 정약용의 증조할아버지와 할아버지는 당시 정치적으로 힘이 없던 남인들이어서 당파 싸움에 눌려 벼슬을 하지 못하고 일찍 세상을 떠났다. 그러다가 정약용의 아버지인 정재원이 진사과에 합격하여 채제공의 도움을 받아 벼슬길에 오르고, 이후로 여러 고을의 현감을 거치며 벼슬을 하게 되었다.

정약용과 그의 형제들은 모두 천주교로 인해 큰 고난을 겪었다. 뛰어난 학문적 식견과 새로운 학문에 대한 관심으로 남보다 앞서 천주학을 받아들이게 되었으나, 결국 그것이 비극을 초래하고 만 것이다. 큰형 정약현의 여동생은 이승훈과 결혼했고, 아내는 이벽의 누이였다. 이승훈과 이벽 모두 천주교의 핵심 인물들이었다. 정약현의 사위 황사영은 황사영 백서 사건으로 사형을 당하고 정약현의 딸은 노비가 되어 제주로 보내졌다. 가족과 자녀들이 천주교 신앙으로 인해 고난을 겪는 가운데 정약현은 신앙을 갖지 않은 채 고향에서 조용히 지냈다. 둘째 형 정약전은 정약용과 함께 천주교도라는 모함을 받아 유배지인 흑산도에서 쓸쓸히 숨을 거두었다. 그는 유배 생활을 하며 흑산도 바다의 생물을 연구하여 《자산어보》를 썼다. 셋째 형 정약종은 다른 형제들과 달리 천주교 신앙을 받아들이고 끝까지 지킨 인물이다. 주문모 신부의 입국을 주도하고 천주교 교리를 전하는 데 적극적으로 활동하다가 신유박해 때 사형을 당하였다.

여유당의 현판

2장
우리에게 도움이 된다면

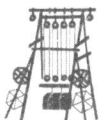

정약용은 15세가 되어 **승지**인 홍화보의 외동딸과 결혼하게 되었다. 결혼식 날 아내의 사촌 오빠들이 정약용을 보면서 놀려 댔다.

"사촌 매부 삼척동자."

아직 키도 작은 어린아이가 벌써 장가를 드느냐는 놀림이었다.

정약용도 그냥 넘어갈 수 없었다.

"어험, 중후 장손 경박 소년."

그렇게 말씀하시는 장손은 뚱뚱하신 데다 철부지 어린애라는 말이었다. 결혼식에 온 사람들의 입이 떡 벌어졌다.

"신랑 재치가 보통이 아닐세."

"그러게. 놀리던 친구들이 오히려 코가 납작해졌어."

"하하, 그러고 보니 신부 오빠들이 살집 좀 있는 걸."

정약용은 한양에 살면서 과거를 준비했다. 많은 책을 읽다가 실학에도 눈을 떴다. 그리고 이익이 쓴 《성호사설》을 읽고 가슴에 큰 파도가 치는 것을 느꼈다. 실제로 만난 적은 없지만 이익은 정약용의 삶에 가장 큰 영향을 미쳤고, 정약용은 언제 어디서나 이익을 최고의 스승으로 생각한다는 걸 숨기지 않았다.

'이익 선생의 학문은 백성에게 꼭 필요한 것이 무엇인지 말해 주고 있어. 신분 제도의 문제점을 지적한 것은 내 생각과 똑같다. 양반과 양반 아닌 사람을 철저하게 갈라놓는 지금의 세상은 결코 옳지 않아.'

《성호사설》은 천문과 지리, 농사, 과학 기술에 대해 자세히 다루며 성리학의 폐단을 지적하고 있었다. 무엇보다 서양의 앞선 기술을 반드시 배워 나라 발전에 이용해야 한다는 주장이 정약용의 마음을 사로잡았다.

'이익 선생의 주장대로 세상을 근본부터 바꾸어야 한다. 학문은 바른 것을 추구하고 삶에 도움이 되는 것이어야 해. 백성의 삶은 돌아보지 않고 당파 싸움만 일삼는 것은 양반이 할 짓이 아니야.'

그리하여 정약용은 토지 개혁에 대한 생각을 펼쳐 나갔다.

"우리나라의 근본은 농업이다. 따라서 실제로 농사를 짓는 농부가 가장 소중한 사람이다. 그러므로 농부들이 땅을 가지고 관리하도록 해야 한다.

승지
조선 시대 승정원에 소속된 정3품 벼슬.

농사도 짓지 않는 양반이 땅을 가지고 권세를 부려서는 안 된다."

정약용은 이러한 생각을 바탕으로 논밭이 개인의 재산이 되지 않도록 마을에서 공동으로 소유하여 농사를 짓자는 '여전제'를 내세웠다. 그 이후에는 유배를 가서 많은 학문을 연구한 끝에 다 함께 잘 사는 마을을 위해 '정전제'를 생각하였다. 정전제는 마을을 '우물 정(井)' 자 모양으로 9등분하여 가운데를 뺀 여덟 군데의 토지는 농가에 하나씩 나눠 주고, 가운데 토지는 함께 농사를 지어 나라에 세금으로 바치게 하는 제도이다. 현실적이고 온건한 방안으로 양반들의 토지 독점을 막고, 땀 흘리는 농부들에게 합당한 보상을 제공하겠다는 의지였다.

"논밭은 개인의 소유라기보다는 나라의 재산이다. 농부들이 열심히 일하여 생산이 많아질 수 있게 토지를 나라가 관리해야 한다. 왜 농부가 양반들 밑에서 힘들게 일하면서도 평생을 가난하게 살아야 하는가? 가난과 슬픔에 빠진 농부가 백성의 대부분인 나라가 어찌 잘 살 수 있을 것인가?"

그러나 땅을 많이 가지면 권력이 강해졌기에, 양반들이 땅을 포기할 리가 없었다. 따라서 이 제도는 결국 실현되지 못하였다. 우리나라는 일제 강점기가 끝나고 대한민국이 세워지면서 비로소 토지에 대한 불평등이 사라졌다. 그만큼 정약용의 생각은 민주적이며 앞선 것이었다.

정약용은 이익의 글을 더 찾아다녔다. 만날 수는 없지만 마음속의 스승으로 생각하고 스스로 가르침을 찾으려 노력했다. 이익이 소개한 학문에만 그치지 않고 스스로 책을 찾아 더 나은 방법을 연구했다. 이익의 고향 마을을 둘러보며 묘소에 참배도 했다. 마음속의 스승에 대한 예의였다.

때마침 매형인 **이승훈**을 통해 이승훈의 외삼촌인 **이가환**을 만나게 되었다. 이가환은 이익의 손자였다. 이가환은 정약용에게 새롭고 충격적인 사실을 들려주었다.

"우리가 오랑캐 나라라고 무시하고 손가락질하는 청나라는 우리보다 훨씬 더 부유하고 이곳처럼 답답한 세상도 아니라네. 왜 그런지 아는가?"

정약용은 고개를 저었다.

"청나라는 우리처럼 성리학만 파고들며 살지 않아. 좋은 기술이나 제도가 있으면 서양의 것도 받아들여 삶에 도움이 되게 만들지. 우리는 백성이 편안한 나라를 만드는 데는 관심도 없이 오직 성리학 경전의 글자 하나하나에만 파묻혀 벼슬아치들이 서로 싸우기만 하니 무슨 발전이 있겠는가?"

이가환의 말과 이익의 책들은 정약용을 뿌리부터 뒤흔들었다.

'백성이 잘 사는 나라가 되어야 한다. 그러기 위해서 벼슬아치들이 존재하는 것이다. 우리가 사는 곳을 좋게 바꾸지 못하는 학문은 의미가 없다.'

이승훈
정약용의 매형으로, 중국 북경에서 우리나라 사람으로는 최초로 천주교 세례를 받았다. 조선에 돌아와 이벽, 이가환, 정약종 등에게 세례를 베풀고 포교 활동을 하다가 1801년 신유박해 때 처형되었다.

이가환
이승훈의 외삼촌으로, 천주교 신자가 된 뒤 포교 활동에 힘썼다. 한때 지방관으로 있으면서 천주교를 탄압하기도 했으나, 벼슬에서 물러난 뒤에는 다시 신자가 되어 1801년 신유박해 때 죽음을 맞았다.

백성을 생각하고 좋은 나라를 만들겠다는 생각으로 젊은 정약용의 가슴은 뜨겁게 타올랐다. 백성의 터전을 살기 좋게 바꾸는 학문, 정약용이 평생을 따른 길의 시작이었다.

16세 때, 아버지가 전라남도 화순의 현감으로 가게 되었다.

"약용아, 너도 아버지와 함께 가자꾸나. 거기에서는 거기대로 또 배울 것이 있을 것이다. 책도 읽고, 백성이 살아가는 모습도 함께 알아야 좋은 학자가 되지 않겠느냐?"

화순에서 정약용은 호탕한 선비인 조익현을 만났다. 아버지의 부탁으로 조익현에게 유학의 가르침을 받게 된 것이다. 조익현은 정약용보다 나이가 한참 위였지만 조금도 거리낄 것이 없는 친구가 되었다.

"나이가 중요한 것이 아니라네. 좋은 글을 함께 읽고 좋은 시를 함께 나누는 친구가 된 것이 얼마나 좋은가? 자네는 워낙 책을 많이 읽고 생각이 깊으니 내가 배울 점이 더 많네."

"과찬이십니다. 선생님의 가르침에 늘 많이 배우고 있습니다."

정약용은 독서에 몰두했다. 동림사라는 절에 들어가 40여 일간 《맹자》에 집중했다. 새벽마다 찬물로 세수를 하고 잠시도 쉬지 않고 책을 파고들었다. 사또의 자제로서 온갖 놀 거리가 유혹하였지만 조금도 흔들리지 않고 조용한 절간에서 공부에만 빠져든 것이다. 책을 읽고 나면 형인 정약전과 밤새워 토론을 벌였다. 그러면서도 지치지 않고 즐겁기만 했다. 이렇게 공부를 즐기는 자세는 이후 정약용이 유배 기간 동안 수많은 고난과 어려움을 이겨 내고 오직 학문에만 몰두할 수 있었던 원동력이 되었다.

《맹자》는 나라를 다스리는 사람이 갖추어야 할 덕목을 말하고 있었다. 백성을 내 몸처럼 생각하고, 가난한 백성이 굶주리지 않도록 나라가 힘쓰는 등, 오직 백성과 나라를 위한 정치인이 되어야 함을 강조하였다.

'맹자는 정치인이 오직 백성을 보살피는 데 최선을 다해야 한다는 것을 알려 주고 있어. 벼슬에 나가게 되면 오직 백성만 바라보고 살아야 해.'

이익에게서 큰 깨달음을 얻고 맹자의 백성 사랑 정신을 깨달은 정약용은 결국 실학에 온몸을 던지겠다는 결심을 다졌다.

> 공자와 맹자는 만 리 밖에 있는데
> 누가 이 어둠을 헤쳐 줄까
>
> 남의 것 모방에만 급급해
> 정성껏 자기 일을 못 하는구나
>
> 어리석은 무리들이 바보 하나 떠받들며
> 왁자지껄 다 같이 받들게 하니
>
> 순박하고 꾸밈없던 단군 세상의
> 그 시절 풍속만도 못하네
>
> —〈답답한 마음〉 중에서

'진정한 성현인 공자, 맹자의 학문은 제대로 알지도 못하면서 제멋대로 해석하며 물고 늘어져서는 당파 싸움이나 일삼는 이런 무리들은 나라에 아무런 보탬도 되지 못한다. 앞으로 내가 가야 할 길이 멀고 험해도 진정한 학문의 길을 닦고, 백성들에게 도움이 되는 실학을 일으켜야 한다.'

많은 학자들이 **실사구시**와 **이용후생**의 정신을 살려 백성의 삶에 도움이 되는 실학을 연구했지만, 조선을 지배하고 있던 성리학에 의해 탄압을 받고 빛을 보지 못하였다.

'나에게 어떠한 어려움이나 핍박이 닥쳐와도 굴하지 않고 진정한 실학을 펼쳐 나가리라.'

실학을 연구하며 백성의 삶을 발전시키기 위해 열심히 노력하던 정약용은 앞선 과학 기술을 찾아 헤맨 끝에 새로운 학문을 만나게 되었다. 서양에서 왔다 하여 '서학'이라고 불리는 학문이었다. 중국을 통해 조선에 들어온 서학은 천문학, 지리학 등과 관련된 서양의 과학 기술과 함께 천주교에 관한 책을 연구하는 것도 포함되었다.

이렇게 학문처럼 받아들여져 '천주학'이라 불리며 연구되던 천주교는 엄청난 위험을 안고 있었는데, 바로 조선이 목숨처럼 중히 여기는 제사를 우상 숭배라 하여 금한 것이었다. 조선으로서는 제사를 안 지내는 것은 임금을 모시지 않는 반역과 마찬가지였고, 따라서 죽음을 피할 수 없는 죄였다.

어느 날, 큰형수의 동생인 이벽이 친구 이승훈을 찾아가 부탁했다.

"이번에 중국에 가시거든 천주학 관계 자료를 좀 구해 주시게."

사신으로 가는 아버지를 따라 이승훈도 중국에 가게 된 것이다. 이승훈은 북경에서 그라몽 신부를 만나 간절히 부탁하여 세례를 받았다. 그렇게 조선 사람 최초로 세례를 받은 이승훈은 조선에 돌아와 이벽에게 세례를 주었다. 이벽은 열렬한 신도가 되어 주변 사람들에게 천주교를 널리 알렸다. 23세의 정약용도 이벽을 통해 서학과 천주교를 접했다.

"자네는 세상이 만들어진 까닭과 사람이 만들어진 과정을 아는가?"

이벽의 설명을 듣고 정약용은 눈이 휘둥그레졌다. 고리타분하게 주자의 성리학을 이리저리 해석하며 헛된 시간을 낭비하는 조선의 유학보다 서학이 훨씬 과학적이고 논리적이며 사람을 존중하는 학문으로 보였다.

"놀랍고도 황홀함을 금치 못하겠습니다. 장자의 말처럼 하늘의 강이 멀고 멀어 끝이 없다는 것과 비슷하군요."

정약용은 그길로 서학에 완전히 빠져 버렸다. 천주교의 가르침은 유교와 비슷하기도 하고 다르기도 했다. 일방적으로 유교를 비난하지는 않았고 공자의 가르침에도 옳은 부분이 많다고 하였다. 무엇보다 서학은 당시 수준이 낮았던 조선의 기술보다는 확연히 앞서 있었다. 앞선 서양의 과학 기술은 정약용을 사로잡았다.

'하늘의 움직임과 별을 연구한다는 것은 생각하기도 어려운 일인데 무척

실사구시
사실에 토대를 두어 진리를 탐구하는 일. 청나라 고증학의 학풍으로 조선 후기 실학에 영향을 주었다.

이용후생
백성들이 편리하게 이용하고 풍요로운 일상생활을 가능하게 하는 것. 홍대용, 박지원, 박제가 등 상공업의 발전을 주장한 실학자들이 강조한 이념이다.

알기 쉽게 되어 있다. 무거운 물건을 쉽게 옮기는 방법도 있고, 빠른 배를 만드는 방법, 무기를 만드는 방법도 우리보다 훨씬 뛰어나다.'

정약용은 서학의 과학 기술을 집중적으로 연구했다. 그리하여 훗날, 무거운 돌을 쉽게 옮기는 거중기를 만들 수 있었고, 배다리를 놓는 기술을 얻을 수 있었다.

백성들의 삶에 실제로 도움을 주는 학문을 존중하는 것, 그것이 정약용의 생각이었다. 실학과 서학은 우리에게 필요한 학문이었기에 정약용은 둘 다 놓칠 수가 없었다. 특히 가난에 빠진 백성을 구하기 위해서는 토지 개혁이 절실히 필요하다고 생각했고, 훗날 토지 개혁 정책을 제시하기에 이른다. 양반의 권력과 특권을 줄이고 백성과 더불어 살아야 한다는 정약용의 생각이 깃든 노력이었다.

정약용은 백성의 삶을 개선하고, 강하고 튼튼한 나라와 임금을 만들며, 당파 싸움으로 나라의 힘을 허비하지 않는 방법을 찾으려 노력했다. 이 모든 노력에는 실학과 서학이 뒷받침되었던 것이다.

성호 이익과 실학

이익(1681~1763)은 영조 때 활약한 실학자이다. 조상들이 높은 벼슬을 지낸 정통 양반 가문에서 태어난 그는 어렸을 때부터 몸이 약해 일찍 공부를 시작하지 못하였다. 이후 둘째 형 이잠에게 글을 배워 과거에 응시하였지만 번번이 낙방하였다. 이후에 이잠은 장희빈을 두둔하는 상소를 올린 것이 화근이 되어 역적으로 몰려 47세의 나이로 감옥에서 숨을 거두었다. 큰 충격을 받은 이익은 과거를 보지 않고 고향에서 학문 연구에만 몰두하게 되었다. 성품이 인자하고 학문이 뛰어나 47세에 조정에서 벼슬을 내리기도 했으나 받아들이지 않았다.

〈성호 이익 영정〉

이익은 유학의 경전을 철저히 연구하고 퇴계 이황의 학문도 깊이 연구하였다. 또한 이이와 유형원 등의 학풍을 따라 실제 생활에 도움이 되는 학문이 필요하다고 생각하였다. 특히 유형원이 《반계수록》을 통해 농민들에게도 땅을 나누어 주자고 주장한 것에 영향을 받아, 자영농을 기르자고 주장하였다.

중국을 통해 들여온 서양 문물을 연구하고 천문학, 수학, 지리학 등 발전된 학문을 받아들여야 한다고 생각한 이익은 문학과 예술에서도 사실적인 묘사를 중요시했고 역사 연구에서도 객관적이며 실증적인 태도를 지녀야 한다고 생각했다.

정치가 바로 서기 위해서는 붕당 정치의 폐해를 알고 이해관계에서 비롯되는 잘못된 욕심을 버려야 한다고 주장했으며, 그러기 위하여 인재 등용의 방법을 바꾸어야 한다고 했다. 과거 시험 대신 훌륭한 인재를 추천하는 '공거제'의 도입을 주장했으며, 백성의 부담을 줄이고 경제를 발전시키기 위하여 신분을 세습하지 말자는 주장도 했다. 인간은 누구든지 기회의 균등을 가져야 하기에 양반도 글만 읽을 것이 아니라 상민과 같이 직접 논밭에서 일을 해야 한다는 '사농합일(士農合一)'을 주장했으며, 상공업의 발전에도 깊은 관심을 가졌다. 또한 자기 일을 성실하게 하면서 '효제(孝悌 : 부모에 대한 효도와 형제간의 우애)'의 정신을 지키는 양반을 관리로 뽑아야 한다고 주장했는데, 이는 정약용의 생각에 큰 영향을 미쳤다.

　이익은 신분 제도와 사회 제도 외에도 군사, 정치, 외교, 농사법, 지도 제작, 과학 기술 등 많은 분야를 폭넓게 연구하여 실학의 기초를 닦았다. 유학적 기본 위에서 백성에게 실제로 도움이 될 학문을 세운 노력으로 반계 유형원과 더불어 경세치용(학문은 세상을 다스리는 데 실질적 도움을 줄 수 있어야 한다는 주장) 실학의 선구자로 불린다. 정약용 역시 경세치용학파의 대표적 학자로 이익의 사상에서 많은 영향을 받아 토지 개혁과 농업 발전의 중요성을 인식하고, 농업 중심의 실학을 집대성하였다.

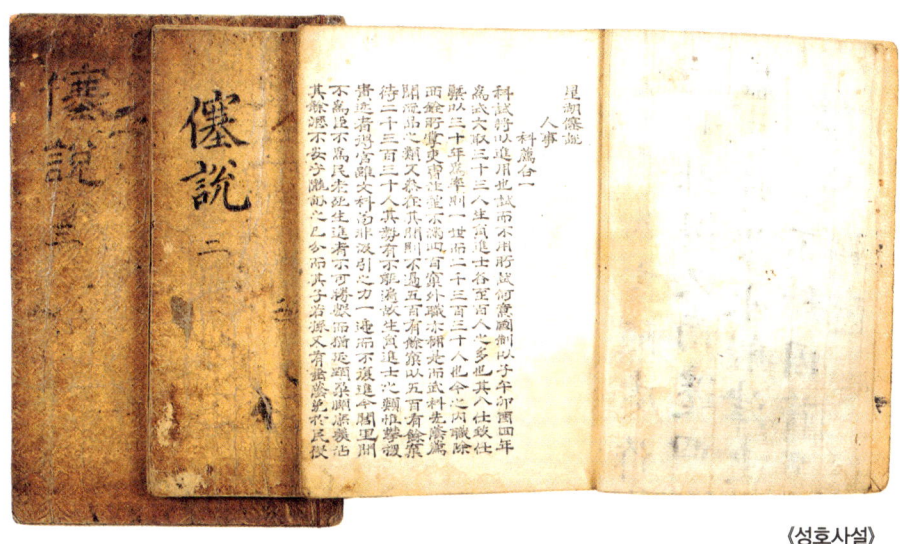

〈성호사설〉

3장
새로운 기술을 연구하는 자세

'나의 뜻을 펼쳐 보이기 위해서는 우선 과거에 급제를 해야 해. 벼슬을 얻어야 참다운 일을 할 수가 있어.'

정약용은 실학의 뜻을 펴기 위하여 부지런히 공부했다. 과거 시험은 소과와 대과로 나뉘는데 소과에 합격하여 진사 또는 생원이 되어야 성균관에 들어가 대과를 위한 공부를 할 수 있었다. 대과에 합격하면 비로소 벼슬에 나설 수 있었다.

정약용은 소과에 급제하여 정조 임금에게 직접 합격증을 받게 되었다.

"그대의 이름은 무엇인고?"

"정약용이라 하옵니다."

"귀한 인재라 들었는데 나이가 몇인가?"

"임오년(1762년)에 태어나 올해 스물두 살이옵니다."

"임오년이라……."

정조는 잠시 눈을 감았다. 임오년은 정조의 아버지인 사도 세자가 뒤주 속에 갇혀 비극적인 죽음을 맞은 해였다. 아버지를 잃은 해에 태어난 정약용이 정조의 눈에 새삼 달리 보였다.

정약용은 대과를 치르기 위하여 성균관에 들어가 공부를 시작했다. 그런데 실력은 부족하지 않은데도 이상하게 대과에는 몇 번이나 불합격을 하였다.

그러나 포기하지 않고 열심히 노력한 끝에 정약용은 6년 만에 합격하여 벼슬길에 오르게 되었다. 1789년, 그의 나이 28세였다.

'이제 나라를 위해 일을 하게 되었으니, 비록 아직은 부족하고 모자라지만 공정과 청렴으로 오직 학문과 백성만 바라보고 일하리라.'

정약용은 임금의 명령으로 학문을 연구하는 일을 맡았다. 어느 날, 정약용이 휴가를 얻어 울산 **부사**인 아버지를 만나러 내려갔다. 그런데 휴가 중에 급한 어명이 전달되었다.

"전하께서 급히 찾고 계시니 어서 가 주셔야겠습니다."

부사
조선 시대 지방 행정 구역인 8개 도 아래 두었던 부, 목, 군, 현 가운데 각 부에 파견된 지방관.

"하오나 지금은 휴가를 청해 허락을 받고 내려와 있는데……."

"그렇긴 합니다만 전하께서 반드시 모셔 오라 분부하셨습니다."

정약용은 서둘러 길을 나섰다. 궁에 도착하자 정조는 웃으며 반가이 맞았다.

"경의 휴가를 망쳤으니 이 일을 어찌하면 좋겠소?"

"천부당만부당하신 말씀이십니다, 전하. 꼭 필요한 때에 급히 혈육의 정을 찾은 저의 죄를 용서하여 주시옵소서."

"허허허, 부친께서는 무탈하신가?"

"전하의 은혜를 입어 울산에서 건강히 지냄을 확인하였나이다."

정조는 잠시 뜸을 들였다가 말을 이었다.

"경도 알다시피 과인에게도 아버지가 계실 때가 있었소. 지금은 수원 현륭원에 잠들어 계시지."

'전하께서 아버지를 그리워하시는구나.'

정약용은 가슴이 먹먹하였다.

"이번에 현륭원으로 참배를 가야겠는데, 한강을 건널 일이 걱정이오."

임금의 행차에는 너무나 많은 사람들이 함께하기에, 이 모든 사람들을 배에 태우는 것은 무리가 있었다.

"경이 배를 타지 않고 한강을 건널 수 있는 방법을 찾아보시오."

한강에 다리를 놓으라는 어명이었다. 지금과 달리 당시 조선의 기술로는 큰 강에 다리를 놓는 것이 거의 불가능했다. 기껏해야 개울이나 시내에 돌로 징검다리를 놓거나 조금 작은 강에 돌다리를 놓는 기술이 고작이었다.

그러니 넓은 한강을 건너갈 다리를 짧은 시간에 만들기는 쉬운 일이 아니었다.

"전하, 부족한 소신이 어찌 감히……."

정조의 목소리가 달라졌다.

"과인은 그대를 믿는다. 경이 능히 해낼 수 있을 것이다."

"목숨을 바쳐 어명을 받들겠나이다."

정약용은 그길로 책을 뒤적이기 시작했다.

'어려운 문제를 만나면 피하거나 걱정부터 하지 말고 오직 책을 보고 또 보면서 방법을 찾도록 노력해야 한다.'

연구에 연구를 거듭한 결과 예전에도 있었던 방법을 통해 좋은 생각이 떠올랐다.

'그래, 배다리를 만들면 되겠구나!'

배다리는 배를 이어 붙여 다리 역할을 하도록 하는 것이다. 즉 배와 배를 연결하여 길을 만들고 그 위에 널빤지를 얹어 다리를 만드는 것이다. 다른 복잡한 공사나 장비가 없이도 배만 있으면 금세 다리가 된다. 다만, 어떤 배를 어떻게 연결하고 고정하면 안전하게 버틸 수 있는지 연구하여 설계하는 것이 중요했다.

정약용의 설계도를 받아 든 정조 임금의 입가에 미소가 떠올랐다.

"경이 과연 과인의 기대를 저버리지 않았으며 이렇게 훌륭한 생각을 얻었으니, 경의 정성에 큰 상을 내리겠노라. 서둘러 배다리를 만들 수 있도록 준비를 하라."

즉시 주교사라는 임시 관청이 만들어지고 **훈련도감**과 **경강상인**의 큰 배 80여 척을 모았다. 배를 이어 붙이고 그 위에 널따란 판자를 깔았다. 왕이 탄 가마와 수많은 말과 군사가 건너도 흔들림 없이 견고한 다리를 만들어야 했다. 정약용은 공사 현장에 나가 배다리가 설계도대로 되었는지 확인하고 일일이 점검했다. 임금의 뜻을 전하는 것도 잊지 않았다.

　　"어떠한 경우에도 배들이 손상되지 않도록 해야 하오. 못을 쳐서도 안 되고 작은 흠집도 내서는 안 되오."

　　임금은 배를 빌려준 상인들에게 알맞은 대가를 치르는 것도 잊지 않았다. 개인의 재산을 나라를 위해 빌려준 상인들에게 아무런 피해도 주어서는 안 된다는 임금의 확고한 의지였다. 물론 그것은 정약용의 설계에 더 큰 부담이었지만 정약용은 조금도 불평하지 않았다.

　　'백성을 생각해 주시는 전하의 마음이 **하해**와 같다. 나는 차마 생각도 못 했는데 전하께서는 백성이 가장 우선임을 생각하셨어. 신하의 도리로 당연

훈련도감
조선 후기 한양의 수비를 맡아보던 군영.

경강상인
조선 후기 한강을 중심으로 중요한 뱃길을 장악하여 곡물 등의 운송과 판매로 이익을 보던 상인.

하해(河海)
큰 강과 바다를 아울러 이르는 말.

히 전하의 뜻을 펼치실 수 있게 해야 한다. 전하와 백성들 모두를 위한 일이니 내가 조금 더 수고하면 돼.'

결국 한강 위, 지금의 용산과 노량진 사이를 가로지르는 약 1킬로미터 거리에 배다리가 놓였다.

"훌륭하구나. 이 다리가 있어 아주 편안하게 강을 건널 수가 있으니."

배다리를 건너던 정조는 만족하며 미소를 지었다. 임금을 모시는 거대한 행렬에도 다리는 꿈쩍도 하지 않고 버텨 냈다.

현륭원에 참배를 다녀온 정조 임금은 생각을 거듭했다.

'일찍이 수원은 풍수가 좋아 도읍으로 손색이 없다 하니, 왕권을 강화하고 새롭게 살기 좋은 곳을 만들기에 좋겠구나. 수원에 새롭게 성을 짓도록 하리라.'

정조는 수원에 성을 세우기로 결심하였다. 그리하여 수원의 이름을 화성으로 바꾸고 새롭게 군사력을 강화하여 화성에서 훈련을 실시하는 등 모든 준비를 마쳤다.

이때 정약용은 아버지의 임종을 맞게 되었다. 장례를 치르고 얼마 후 어명이 내려왔다.

"주상 전하께서 화성에 성곽을 지으라는 어명을 내리셨소. 그 설계를 그대가 책임지도록 분부하셨으니 서둘러 주시오."

아직 삼년상이 끝나지 않은 정약용은 벼슬을 할 수 없었다. 그래서 벼슬은 없이 단지 성의 설계만 맡은 것이다. 정약용의 머리에 임금의 얼굴이 그려졌고, 임금의 말소리가 들리는 듯했다.

'백성을 생각하고 나라의 안위를 걱정하는 마음이 나와 같은 그대가 기꺼이 이 중요한 일을 맡아 줄 것이라고 믿소.'

'전하, 충심을 다해 가장 튼튼한 성을 지을 수 있게 하겠나이다.'

어명을 받들어 절을 하면서 정약용은 마음속 깊이 다짐을 새겼다.

정약용은 임금의 숨은 뜻을 생각하였다.

'언젠가 왕위를 물려주시고 나면 화성에 머무실 것이라 하셨지. 그리고 화성을 살기 좋은 곳으로 만들 것이라 하셨어. 그러기 위해서는 어떤 성이 필요할까?'

배다리를 성공적으로 설계한 경험은 성을 설계하는 데 큰 도움이 되었다. 정약용은 임금의 숨은 뜻을 생각했다. 이제까지의 성과 완전히 다르면서도 뛰어난, 최고의 성이 필요하다는 것이었다.

'평소에는 도읍지를 둘러싸는 읍성이지만, 전쟁이 나면 백성을 보호하고 적군과 맞서 싸울 수 있는 튼튼한 방어용 성곽이어야 한다.'

정약용은 화성 건설에 서학을 활용했다. 전통 성곽 양식에 높은 담과 튼튼하고 안전한 방어 시설을 갖춘 유럽의 성을 접목했다. 정약용은 성을 쌓을 수 있는 수많은 설계도와 새로운 방법, 자세한 계획을 책으로 만들어 정조에게 보냈다.

"정약용의 계획대로 성을 건설하라!"

이제 실제로 성을 쌓는 일이 남았다. 정약용은 성을 쌓는 데 드는 비용, 사람 수, 기술자, 자재 종류, 운반 방법 등 상세한 내용을 하나하나 적어 보냈다. 이는 나중에 《화성성역의궤》에 전부 기록되어 누구든지 언제라도 같

은 성을 쌓을 수 있도록 해 주는 설명서가 되었다.

"전하, 높고 튼튼한 담을 쌓기 위해서 크고 무거운 돌을 들어 올리는 방법이 있어야 하옵니다. 제가 생각한 바로는 '거중기'를 만들면 해결이 될 줄 아뢰옵니다."

거중기는 도르래의 원리를 이용하여 무거운 돌을 작은 힘으로 들어 올리는 장치였다. 이러한 장치는 그전에도 이미 있었으나 정약용은 이것을 연구하여 화성 건설에 적합한 형태로 새롭게 제작했다. 정약용이 만든 것은 기존의 것보다 훨씬 무거운 것도 들어 올릴 수 있는 강한 힘을 자랑했다. 거중기가 투입되자 공사는 한층 쉽고 빠르게 진행되었다. 드디어 화성이 모습을 드러내었다.

"전하, 화성의 공사가 모두 마무리되었다 하옵니다."

"오호, 그런가? 모두들 수고가 참 많았구려."

원래 계획은 10년이 걸릴 것이라고 예상하였으나, 그보다 훨씬 빨리 진행되어 3년도 채 걸리지 않는 기간에 화성은 완성되었다.

이렇게 빠르고 정확한 건설에는 정약용의 지혜와 더불어 정조의 숨은 노력이 있었다. 정조의 할아버지 영조 때 청계천의 물이 넘치지 않도록 흙을 파내고 둑을 쌓는 큰 공사를 벌였는데, 이때 영조는 이러한 공사에 백성들을 의무적으로 참여시키던 관습을 깨고 품삯을 주었다. 정조 역시 노비든 평민이든 화성 건설 공사에 참여하는 사람에게는 노력에 대한 품삯을 반드시 주었다.

"우리 성군께서 그냥 시키셔도 될 일에 이렇게 품삯까지 주시니 어찌 일을 게을리할 수가 있겠나?"

"아무렴, 새참도 든든히 먹는 데다 거중긴지 뭔지 희한한 물건이 있어서 힘도 덜 드니 좀 좋아?"

정약용의 과학 기술과 정조의 백성 사랑은 톱니바퀴처럼 맞물려, 거대하고 위험한 공사에도 나라가 조금도 흔들리지 않고 오히려 강력한 왕권을 세우는 튼튼한 토대가 되었다.

지금도 그 위용을 자랑하는 화성의 모습은 완전히 새롭고 뛰어난 모습으로 정약용의 과학 정신을 잘 보여 주고 있다.

정약용은 실학과 서학을 바탕으로 나라를 부강하게 하는 과학과 기술을 연구하여, 사람들의 수고를 덜고 더욱 편리한 세상을 만들 수 있었다. 그리고 그 결과는 찬란한 유산으로 남았다.

정조와 수원 화성

정조의 화성 행차를 위해 한강에 놓인 배다리가 정약용의 발명품은 아니었다. 고려 정종 때 임진강에 배다리를 놓은 적이 있고, 조선에서도 연산군이 사냥을 가면서 한강에 배다리를 놓았다는 기록이 있다. 그래서 정약용도 옛 기록을 살펴 배다리를 놓으려는 계획을 한 것이다. 다만 정약용은 이전에 만들어졌던 배다리의 자세한 기록을 찾지 못해 배다리를 놓는 데 독창적인 아이디어를 활용한 것으로 전해진다. 한양의 경강상인들의 배를 빌려 강에다 놓아 기둥 역할을 하게 하고, 그 위에 널빤지를 얹어 사람들이 건널 수 있는 다리를 만들었다. 배다리를 놓는 것은 쉬운 일이 아니었기에 주교사라는 관청을 따로 설치하여 다리 건설을 맡게 했으며, 정약용은 배다리를 놓는 과정을 전부 기록으로

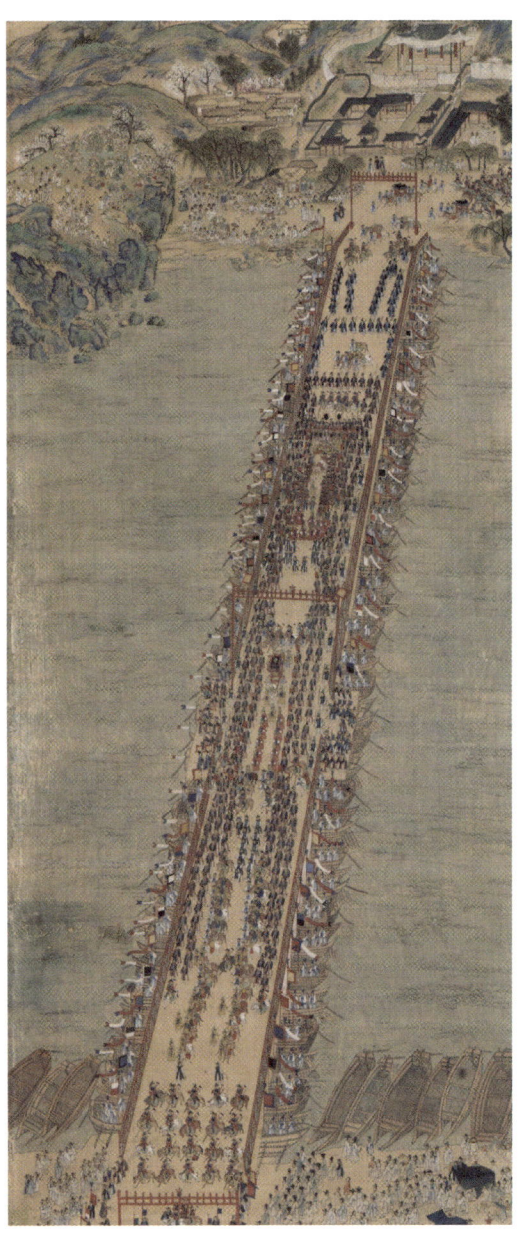

정조 일행이 화성에서 일정을 마치고 배다리를 건너 한양으로 돌아오는 모습

자세히 남겼다. 정약용이 만든 배다리는 양 끝에 홍살문을 두고 가장자리는 군사들이 지키도록 하여 그 규모를 뽐냈으며 정조가 편안하게 한강을 건너 화성으로 향할 수 있게 해 주었다.

    1789년(정조 13) 정조는 아버지인 사도 세자의 묘를 양주(지금의 서울 동대문구)의 배봉산에서 당시 수원 관아가 있던 화산 기슭으로 이장하고 수원을 왕권 강화의 중심 도시로 만들려는 계획을 세웠다. 그리하여 수원 관아와 그 지역 사람들이 새롭게 옮길 곳이 필요해졌고, 수원에 새롭게 화성을 건설하게 되었다. 정조의 지시에 따라 정약용은 화성 건설 계획을 짜고, 아버지의 장례를 치르는 중이었던 정약용을 대신해 채제공이 화성 건설 현장을 감독하는 책임을 맡았다. 화성 건설은 애초에 10년 정도의 기간을 계획했으나 정약용이 거중기, 녹로, 유형거 등의 기구

수원 화성 서북공심돈

를 사용하면서 실제 건설 기간이 28개월로 대폭 줄어들었다. 화성은 상업적 기능과 군사적 기능을 조화롭게 가진 신도시로, 성벽 자체로 외적의 공격에 대비하고 성안에서 사람들이 평안하게 살며 활발하게 경제 활동을 할 수 있는 읍성의 역할도 가지도록 했다.

정조가 화성을 건설한 것은 단순히 아버지의 묘를 옮기기 위한 것만은 아니었다. 사도 세자의 아들이라는 이유로 반대파의 위협에 시달렸던 정조는 화성 건설을 통해 한양에 몰려 있는 정치권력을 분산시켜 왕권을 강화하려고 했다. 그래서 왕의 직속 군대인 장용영을 키우고 화성에서 군사 훈련을 지켜보며 왕권을 과시하기도 했다. 또한 농토를 개간하여 그 지역 백성들에게 나눠

〈정조 어진〉

주고, 저수지를 만들고 새로운 농사 방식을 알려 주는 등 농업 발전에 도움을 주고 상업 활동도 활발하게 이루어지게 하여 화성의 경제적인 기능도 강화하였다.

또한 당시의 최신 기술을 활용하여 튼튼하게 건설한 화성은 과학적으로도 큰 의미를 지닌다. 이러한 과학적인 건축 과정을 《화성성역의궤》에 상세하게 기록한 덕분에, 오늘날 거의 원래의 모습으로 성곽을 복원할 수 있었고, 그 뛰어난 과학적 특징과 건축미의 가치를 인정받아, 수원 화성은 1997년 유네스코 세계 문화유산에 등재되기도 했다.

 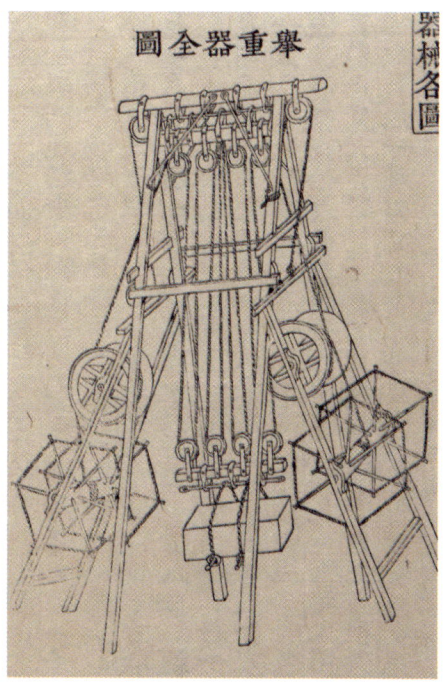

《화성성역의궤》에 나오는 녹로, 거중기

4장
공정과 청렴을 근본으로 하다

"이번 성균관 토론은 《중용》의 해석에 대한 것으로 할까 하오."

정약용이 성균관에서 공부할 때 학생들은 임금과 자주 토론을 벌였다. 어느 날, 퇴계 이황과 율곡 이이의 의견 차이를 알아보고 누가 옳은지에 대해 토론이 벌어졌다. 정약용이 속한 당파의 계열은 남인이었는데, 남인은 퇴계가 옳다고 믿었다. 그러니 정약용도 퇴계가 옳다고 말해야 했다. 그러나 정약용은 열심히 연구한 끝에 놀라운 결과를 얻었다.

'이럴 수가! 내가 볼 땐 율곡 선생의 가르침이 훨씬 더 정확하고 옳다. 우리는 퇴계 선생을 따라야 한다고 배워 왔는데, 이 일을 어쩐다?'

정약용은 고민 끝에 임금에게 답변을 올렸다.

"《중용》을 해석함에는 마땅히 율곡 선생의 방법이 옳은 줄 아뢰오."

율곡의 생각이 옳다고 하는 것은 남인과 대립하던 노론의 편을 드는 것과 마찬가지라고 여겨졌다. 남인들의 비방이 거세게 일었다.

"자네는 도대체 무슨 생각인가? 우리는 퇴계 선생을 따라야 하는 줄을 모르는가?"

"율곡은 우리의 적이나 마찬가진데 어찌 율곡의 방법을 옳다고 할 수 있는가?"

"자네가 속한 일파를 배반한 것을 임금께서도 좋게 보진 않으실 걸세."

그러나 며칠 후에 내려온 임금의 평가는 예상과 달랐다.

"정약용의 답변은 사사로운 마음을 벗어나 오직 학문 자체만을 생각하여 판단한 것이다. 공정한 마음은 무척 값진 것이니 정약용의 생각을 으뜸으로 삼는다."

당파에 흔들리지 않고 오직 연구를 통하여 자신의 소신을 명확하게 밝힌 학자의 의견을 정조는 존중하고 칭찬해 주었다.

정약용이 **훈련원**에서 무관 시험을 감독하는 직책을 맡았을 때였다.

'무과가 이토록 잘못 운영되고 있었다니! 장수 집안의 자제들은 쉬운 시험을 내어 합격시키고 시골의 이름 없는 무사들은 어려운 시험으로 떨어뜨리고 있지 않은가? 이것을 어찌 공정한 시험이라 할 것인가.'

훈련원
군사들에게 무예 연습을 시키고 병법을 강습하던 관아.

정약용은 몇 번이나 잘못을 지적하며 고치라고 하였으나 잘되지 않았다. 화가 난 정약용은 부하 직원을 시험관에게 보내 상소를 쓸 종이를 빌려 오라고 했다. 깜짝 놀란 시험관이 정약용에게 달려왔다.

"상소용 종이는 무엇에 쓰려고 하십니까?"

"내가 지금 몸이 좀 안 좋은데, 나랏일에 보탬이 되려면 아픔을 참고 열심히 일해야겠지요. 그렇지만 지금 시험관 마음대로 누구는 떨어뜨리고 누구는 뽑고 하는 것을 막지도 못하고, 불공정한 시험 때문에 낙방한 사람들의 한도 풀어 줄 수 없으니 내가 여기서 할 일이 아무것도 없지 않습니까? 그러니 차라리 내려가서 쉬게 해 달라고 상소를 올리려 합니다."

정약용의 말을 듣고 겁에 질린 시험관은 엎드려 빌었다.

"용서하십시오. 늘 그렇게 해 오던 관습이 있어서……."

"잘못을 아신다 하니 다행이오. 나랏일을 공정하게 처리해야 함은 벼슬아치의 기본이오. 당장 바로잡도록 하시오."

또 이런 일도 있었다. 어느 날, 임금이 신하들에게 《논어》를 강의하라고 했다. 그러나 강의할 부분을 가르쳐 주지 않았기 때문에 책 내용을 모두 읽어야 했다. 그 양이 너무 많아 신하들은 매우 힘들어하고 있었다. 그런데 임금이 보낸 사람이 정약용에게 찾아와 조용히 종이 한 장을 내밀었다.

"이것이 무엇입니까?"

정약용의 물음에 그 사람은 목소리를 낮췄다.

"내일 아침에 나리께서 강의할 장입니다."

정약용은 깜짝 놀랐다.

"아니, 아무에게도 강의할 부분을 알려 주지 않는다 하셨는데 이것을 어찌 알 수 있단 말이오?"

"걱정하지 마십시오. 전하께서 친히 적어 주신 것입니다."

그는 부럽다는 듯 웃으며 말했다. 그러나 정약용은 종이를 받지 않았다.

"다른 신하들은 아무도 모르는데 전하께서 저에게만 강의할 장을 알려 주신다면 그것은 불공평한 처사입니다. 저도 똑같이 전부 읽겠습니다."

"그냥 이것만 하시면 되는데, 어찌……?"

그가 난처해하며 계속 권했으나 소용없었다. 다음 날 아침 정약용이 강의할 차례가 되자, 임금은 정약용에게 강의할 장을 지정해 주었다. 그것은 지난밤 종이에 적혀 있던 부분이 아니었다. 그러나 정약용은 조금도 당황하지 않고 정확히 그 내용을 강의했다. 임금은 흡족하여 빙그레 웃었다.

"과연 내가 알려 준 부분만 준비한 것이 아니구나."

지난밤 강의할 장을 미리 알려 준 것은 임금의 시험이었던 것이다. 그 종이를 받아 그 부분만 강의를 준비했다면 공정성과 성실성이 모두 부족한 사람이 됐을 것이다. 정약용의 바른 마음은 그 시험을 통과하게 하였다.

공정하고 청렴한 정약용은 정조 임금에게 꼭 필요한 사람이었다. 어느 날, **홍문관**에서 근무하는 정약용에게 정조의 명령이 든 편지가 전해졌다.

홍문관
궁중의 문서와 서적 등을 관리하고 왕의 자문 역할을 하던 관아.

'숙직에 지각한 정약용에게 주의를 주어야 하니 어명을 받들라.'

그러나 실제 지각한 적이 없는 정약용은 의아했다.

'지각을 한 적이 없는데…… 무슨 말씀하실 것이 있나?'

정약용의 예감은 적중했다.

"실은 과인이 경에게 긴히 할 말이 있어서 부른 것이오."

"말씀하시옵소서."

"경이 경기도에 어사로 다녀와 주어야겠소."

정약용은 깜짝 놀랐다. 암행어사는 임금의 비밀 명령을 받아 고을에 몰래 들어가 지방 관리의 잘잘못과 백성의 형편을 살피는 직책이다. 정약용은 당황하고 두려워 말이 쉽게 나오지 않았다.

"성은이 망극하옵니다. 다만 소신은 경험이 적고 배움이 부족해 아직 그만한 재목이 되지 못하는 줄 아뢰옵니다."

"올해는 흉년이 극심한데 엎친 데 덮친 격으로 불량한 수령들이 많다 하여 큰 걱정이오. 그대가 나의 근심을 덜어 주길 바라오."

정약용은 임금의 부탁을 더 이상 거절할 수 없었다. 사실 그 무렵 양반들, 특히 고을 수령들의 비리는 극에 달하여 가난한 백성들은 엄청난 고통을 받고 있었다. 정조도 그런 사실을 잘 알고 있었고, 올곧은 정신을 가진 정약용이 그런 탐관오리를 혼내 줄 적임자라고 생각했다.

정약용은 신분을 감추기 위해 허름한 복장을 하고 마패를 챙겨 길을 떠났다. 경기도에 들어서자 백성들의 처참한 생활상이 눈에 들어왔다. 정약용은 한숨이 났다.

집 안에 있는 물건 쓸쓸하기 짝이 없어
모조리 팔아도 칠팔 푼이 되려나
개 꼬리 같은 조 이삭 세 줄기
닭 창자처럼 말라비틀어진 고추 한 묶음
놋수저는 이장에게 빼앗긴 지 오래인데
엊그제는 옆집 부자 무쇠솥도 앗아 갔네
어린것 해진 옷은 어깨 팔뚝 다 나왔고
날 때부터 바지 버선 걸쳐 본 적 없었다네

-〈암행어사가 되어 적성촌에서〉 중에서

정약용은 가련한 백성들을 보자 결심을 굳혔다.

'백성의 피를 빨아 자기 배를 채우는 극악한 탐관오리만큼은 용서하지 않을 것이다. 또한 바르고 어진 수령들에게는 상을 내리리라.'

관리들 중에는 다행히 좋은 사람들도 많았으나, 몇몇 탐관오리들은 도저히 그냥 넘어갈 수가 없었다. 정약용은 임금에게 급히 편지를 띄웠다.

'지금은 자리를 떠났으나 현감 김양직과 군수 강명길의 죄질이 극히 불량하여 백성들이 매우 힘겨워하고 그들의 악행을 말하지 않는 사람이 없습니다. **환곡**을 가로채고 과다한 세금을 거두며 뇌물을 받기도 하였습니다.'

편지를 받은 정조도 화가 났다. 그러나 쉽게 움직일 수 없었다. 이들은 공을 많이 세웠으므로 벌을 내리면 안된다고 대신들이 압력을 가한 것이다.

"전하, 김양직은 사도 세자의 묘소를 옮기는 데 공을 세웠으며, 강명길은 궁중의 의관으로 전하의 옥체를 보필하였사옵니다. 지난날의 사사로운 잘못에는 관대함을 베푸시어 하늘 같은 은덕이 손상되지 않게 하소서."

이 소식을 들은 정약용은 분노하여 다시 한번 상소를 올렸다.

'그들이 죄가 없다면 무엇 때문에 신을 어사로 보내셨겠습니까? 그들이 임금의 총애를 방패 삼아 함부로 행동하였는데, 이번에도 무사히 넘어간다면 더욱 의기양양해질 것입니다. 더구나 강명길은 의술이 뛰어난 사람도 아니고 김양직도 묘소를 옮기는 데 사실상 큰 공이 있는 것도 아니었습니다. 그러니 목민관이 된 것만도 임금의 크신 은혜인데, 은혜를 잊고 백성의 재물을 빼앗아 법을 어긴 이들입니다. 법을 적용할 때에는 마땅히 임금의 가까운 사람부터 정확히 해야 하는 것입니다. 죄인을 법에 따라 처벌하여 백성을 지키고 국법의 권위를 보여야 합니다.'

'임금의 가까운 사람부터'라는 말이 정조의 마음을 움직였다. 감히 임금에게 충고를 하는 당돌한 신하였지만 정약용의 말은 틀림이 없었다.

'정약용의 말이 옳구나. 임금으로서 법을 가벼이 여긴 것이 부끄럽군.'

결국 정조는 두 사람에게 무거운 벌을 내렸다. 게다가 정약용의 건의를 받아들여 김양직에게 당한 마을에는 임금이 사과의 편지까지 보내어 백성을 위로했다. 정약용은 강하고 공정하며 청렴결백한 암행어사의 역할을 해

환곡
나라에서 가을에 거둔 곡식을 저장해 두었다가, 봄에 먹을 것이 떨어진 백성에게 빌려주고 가을에 이자를 붙여 갚게 한 제도 또는 그 곡식.

냈다. 그러나 안타깝게도 이러한 정의로움 때문에 평생의 악연을 만들게 되는데 그가 바로 죽을 때까지 정약용을 괴롭힌 서용보이다.

'지금 경기 **관찰사** 서용보에게는 잘못이 많습니다. 서용보의 집안사람이 향교 터가 좋다는 이유로 땅을 빼앗고, 임금께서 다니시는 길을 만든다는 거짓 핑계를 대며 백성들에게 무리한 세금을 걷는 등 횡포가 너무 심합니다. 이대로 두면 전하께도 큰 누가 될까 염려스럽습니다.'

서용보는 권세가 막강해 함부로 건드릴 수 없는 사람이었다. 그러나 정약용의 눈에 비친 잘못은 명백하였다.

'당연히 정약용의 판단이 옳다. 그러나 서용보의 권세는 보통이 아니다. 그를 내쳤다가는 조정의 대신들이 가만있지 않을 터인데…….'

고민을 거듭하던 정조는 결국 작은 벌을 내리는 것으로 끝냈다. 서용보는 그것도 억울하게 여기고 자신의 잘못을 고해바친 사람을 찾기 시작했다.

"뭣이? 정약용이라고? 건방진 놈! 별것도 아닌 녀석이 임금의 관심을 좀 받는다고 감히 나를 고발해? 어디 두고 보자. 앞으로 이 서용보가 얼마나 대단한 인물인가를 보여 주마."

이때부터 서용보와 정약용의 악연은 시작되었다. 서용보는 이후 우의정이 되었고, 악한 마음으로 정약용을 끝까지 괴롭혔다. 감옥에 보내고, 유배를 보냈으며, 유배에서 풀어 주자는 의견이 나오면 앞장서서 반대했다. 유배가 끝난 뒤에도 정약용이 다시 벼슬에 나오는 것을 끝까지 막았다.

공정과 청렴을 제일로 여겨 바른 길만 걸어온 정약용은 어떠한 경우에도 탐관오리를 용서하지 않았다. 비록 자신에게 불리한 일이 생기거나 피해를 보더라도 조금도 망설이지 않고 법을 어긴 사람에게 죄를 물었다. 오직 백성과 법의 무거움만 생각한 정약용의 양심은 조금도 흔들리지 않았다.

정약용이 대신들의 모함으로 인해 조정을 떠나 곡산 부사로 있을 때에도 그의 공정하고 청렴한 마음씨는 빛났다. 하루는 자하담이라는 아름다운 호수를 구경하고 난 소감을 관찰사에게 전하니, 관찰사가 너무나 부러워하며 정약용에게 이렇게 말했다.

"참으로 아름다운 곳에 다녀오셨으니 부럽구려. 나도 가 보고 싶으니 이번 순시 보고회는 거기에서 합시다."

그러자 정약용은 단호하게 말했다.

"관찰사 어른, 공과 사를 구별하십시오. 백성도 살지 않는 호수에서 순시 보고회를 열 필요가 없지 않습니까? 또한 관찰사께서 오신다면 길을 만들고 다리를 놓아야 할 테니 그곳 백성에게 얼마나 큰 부담이겠습니까?"

정약용의 대답에 관찰사는 할 말을 잃었다.

'뭐야, 감히 관찰사인 나한테 반항하는 거야? 건방지긴 한데 틀린 말은 아니니……'

이처럼 정약용은 공정과 청렴을 가장 중요시했다. 그에 따라 자신의 윗사람에게도 서슴없이 잘못을 지적하는 놀라운 모습을 보인 것이다.

관찰사
조선 시대 각 도의 으뜸 벼슬.

정약용은 잘못된 명령을 받으면 따르지 않고 맞섰다. 한번은 조정에서 이런 지시가 내려졌다.

"각 고을에서는 모아 둔 곡식을 돈으로 바꾸어 조정에 바치라."

이러한 명령은 너무나 가혹했으며 고을마다 사정이 다른 것도 전혀 배려하지 않은 처사였다.

"나리, 우리 고을에 모아 둔 곡식은 양도 형편없고 도저히 돈으로 바꿀 상황이 못 되옵니다. 이를 어찌하면 좋을지······."

"나도 알고 있다. 공정하지 않은 명령은 마땅히 지킬 수 없음이 당연할 터, 너무 걱정하지 말라."

정약용은 직접 임금에게 상소를 올렸다. 그러자 조정에서 난리가 났다.

"전하, 일개 지방 수령이 나라의 엄중한 지시에 반대를 거듭하니 법과 기강에 문제가 생길 것이옵니다. 바라옵건대 곡산 부사 정약용의 관직을 빼앗고 엄벌에 처하소서."

"곡산 부사가 누구라고? 지금 정약용이라고 했느냐?"

오랜만에 정약용이라는 이름을 듣자 정조는 그리움이 더 크게 느껴졌다. 대신들의 요구에 못 이겨 어쩔 수 없이 떠나보낸 사람이었다. 반가움과 궁금함에 정조는 가슴이 뛰었다.

"당장 곡산 부사의 상소문을 가져오라."

임금은 정약용의 상소를 받아 들었다. 백성을 생각하는 정약용의 마음과 여전히 날카로운 붓끝은 임금의 미소를 자아내기에 충분했다.

'거북 등에서 어떻게 털을 뽑으며, 토끼 머리에서 어떻게 뿔을 뽑을 수

있겠습니까?'

곡식을 돈으로 바꿀 형편이 도저히 되지 않는 상황을 표현한 말이었다.

'역시 정약용이구나.'

정조는 뿌듯한 마음으로 상소문을 덮고, 정약용을 벌하라던 신하를 불렀다.

"지금 경은 도저히 하지 못할 일을 시켜 놓고 벌을 주어야 한다 하니 그것은 잘못이 아닌가. 곡산의 수령을 귀하게 여기는 까닭은 윗사람을 두려워하지 않고 오직 백성을 이롭게 하는 것만 생각하기 때문이다. 즉시 곡산에 내린 지시를 철회하도록 하라."

정조와 정약용은 마음 깊은 곳으로부터 통하고 있었던 것이다.

'내 그대가 이러고도 남을 줄 알았지. 여전히 잘하고 있구나.'

정조의 미소를 머금은 어명이 곡산에 떨어지자 정약용의 얼굴에도 미소가 피었다.

'역시 전하는 옳은 것을 찾으실 줄 아는 성군이십니다. 소신 이번에도 깊이 느꼈사옵니다.'

정약용은 처음 벼슬에 올랐을 때 했던 다짐을 다시 떠올렸다.

'공정과 청렴으로 오직 학문과 백성만 바라보고 일하리라.'

공정과 청렴은 벼슬아치의 기본 요건이며 정약용이 일생을 바쳐 지켜 낸 바른 양심이었다. 또한 백성의 삶을 돌보기 위한 첫 번째 실천이었다.

5장
땀 흘리는 백성이 눈물까지 흘려서야

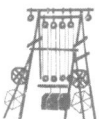

정약용이 천주학을 접하자 반대파들은 '천주학쟁이' 딱지를 붙여 정약용을 몰아낼 구실로 삼았다. 그 딱지는 오래도록 그를 괴롭혔다.

"전하, 정약용은 유교의 질서를 그르치는 죄인인 줄 아뢰옵니다."

"그렇사옵니다, 전하. 정약용이 요망한 **사학**의 책을 가지고 다니며 읽고 있는 것은 모두가 아는 사실이옵니다. 반드시 벌을 내리셔야 하옵니다."

승정원 승지로 있던 정약용은 **주문모 신부 입국 사건**에 엮여 금정 **찰방**으로 좌천되었다. 궁궐의 중요한 벼슬에서 하루아침에 시골 역장으로 쫓겨간 것이다. 그러나 금정 지방에서 천주학이 퍼지지 못하게 막은 공으로 5개월 뒤에 조정으로 복귀하게 되었다. 정조는 정약용을 동부승지로 임명해 곁에 두고자 했지만, '천주학쟁이'에 대한 반대파의 모함은 끝이 없었다.

"전하, 정약용은 일찍이 천주학 책을 읽었고 그 형제는 열렬한 천주교 신도라 하옵니다."

"언젠가는 정약용도 제사를 지내지 않고 대역죄를 범할지 모르옵니다."

이런 이야기는 정약용의 귀에까지 들어갔다.

"대신들이 전하께 그런 말까지 한단 말인가? 아, 이제는 내가 오해를 풀 수가 없겠구나."

정약용은 동부승지의 직책을 사양하기로 마음먹고 붓을 들었다.

'저에 대한 임금님의 아끼심과 사랑은 분에 넘치고도 넘치는 것입니다. 시골의 어리석은 사람이 오직 크신 사랑으로 높은 자리에 오르며 남부러울 것이 없었습니다. 20대 초반에 천주교 책을 보고 매력을 느껴 빠져든 것은

사학(邪學)
'옳지 않은 학문'이라는 뜻으로, 조선 후기 천주교나 동학처럼 성리학에 반대되거나 위배되는 학문을 이를 때 쓰였다.

승정원
왕명을 전달하거나 신하들이 왕에게 올리는 글을 전하는 일을 맡아보던 기관으로, 정3품 벼슬인 승지(도승지, 좌승지, 우승지, 좌부승지, 우부승지, 동부승지)가 소속되어 있었다.

주문모 신부 입국 사건
주문모는 청나라의 천주교 신부로, 1794년 조선에 들어와 비밀리에 선교 활동을 했다. 그러다 발각되어 신자들이 잡혀가게 되자, 정약용이 속한 남인들이 천주교를 도와준다는 주장이 나와 정약용도 조정에서 쫓겨나 지방 관직으로 보내졌다. 주문모는 지방에서 숨어 지내며 활동하다 1801년 신유박해 때 처형당했다.

찰방
조선 시대 각 도의 역참 일을 맡아보던 종6품 벼슬.

사실입니다. 그러나 천문과 수리 등에 대한 색다른 지식에 해박하다는 소리를 듣고 싶었을 뿐, 실제로 깊이 연구하지는 않았습니다. 이미 오래전에 벗어난 일이며, 서학 책을 읽은 것은 잘못이나, 책 속에서 제사를 폐해야 한다는 말을 본 적은 없습니다. 더구나 저는 금정에 있을 때 사람들에게 제사를 지내야 한다고 강조했습니다.'

이 상소에 임금과 수많은 대신들이 감동을 받아 정약용은 천주교를 완전히 벗어난 사람임을 인정하게 되었다.

"착한 마음씨의 싹이 온화하여 마치 봄바람에 만물이 자라는 것같이 감격스러움이 넘친다. 경은 사양하지 말고 동부승지의 직책을 수행하라."

임금은 이렇게 답하였다. 여러 대신들도 잘못이 없으니 직책을 받아들이기를 권했다. 그러나 상소 한 편으로 모든 것이 해결되기는 힘들었다.

"지난번 상소문만 봐도 그대의 진심을 쉽게 알 수 있을진대 여전히 의견이 분분하니……. 조용해질 때까지 잠시 조정을 떠나도록 하라."

정약용은 황해도 곡산의 부사로 가게 되었다. 한편으로는 억울하고 서운했지만 한편으로는 시원하고 후련하기도 했다.

규장각의 책들이 짐 속에 들어 있고
내의원의 환약도 있으니 이별 시름 덜어 주네
궁궐에서 서쪽으로 삼백 리 길 떠나는데
가을 되어 서리 내리면 원님 방에서 꿈꾸리

― 곡산 부임을 앞두고 궁을 떠나며 쓴 글 중에서

처음이자 마지막으로 정약용은 지방의 수령 자리에 앉게 되었고, 이때 정약용이 실천한 것들은 훗날 그의 대표적인 저서 《목민심서》의 가르침이 되었다.

'아버지처럼 훌륭한 목민관이 되도록 노력하리라. 궁중에서 갈고닦은 학문과 지식을 바탕으로 오직 백성만 바라보고 백성만 생각하겠다.'

이러한 다짐대로, 정약용은 곡산에 도착하기도 전에 위대한 재판을 하게 된다.

곡산의 아전들이 백성들에게 200냥의 세금을 거둬야 하는데 900냥이나 더 거둬들인 사건이 있었다. 백성들의 원성이 높아지자 이계심이란 사람이 농민 천여 명을 이끌고 관아를 찾아가 호소했다.

"사또 나리, 어찌 네 배가 넘는 세금을 더 거둬 가신단 말입니까? 이 돈을 다 내면 저희는 굶어 죽습니다. 제발 한 번만 사정을 좀 봐주십시오."

그러나 수령은 이에 대한 대답은 하지 않고 화를 냈다.

"이런 건방진 놈, 여기가 어느 안전이라고 감히 천한 것들이 와서 행패를 부린단 말이냐? 여봐라, 이놈을 매우 쳐라!"

그러자 천여 명의 사람들이 이계심을 둘러쌌다.

"이놈들! 치려면 차라리 나를 쳐라. 이계심은 건드리지 못할 것이다."

아전들은 당황했지만 닥치는 대로 사람들을 때렸다. 백성들이 비명을 지르며 흩어지는 어지러운 상황에서 이계심은 도망쳤다.

"당장 모든 군졸을 풀어 그놈을 잡아들이지 못할까!"

곡산 수령은 분노에 차 명을 내렸으나 백성들이 모두 이계심을 숨겨 주어 잡지 못했다. 이 소식이 궁궐에까지 들어갔는데 소문이 잘못 전해져 '곡산의 백성들이 부사를 잡아다가 매를 때렸다'라는 내용으로 바뀌었다.

"이런 천인공노할 일이 있을 수 있다니! 어찌 감히 고을의 수령을 업신여긴단 말인가?"

"이번 일은 절대로 그냥 넘길 수 없소. 백성들에게 본보기를 보여 주어야 합니다. 새로 부임하는 곡산 부사는 이계심이란 자를 즉시 잡아 처형해야 할 것이오."

마음을 단단히 먹고 곡산에 들어서는 정약용의 앞길을 가로막는 사람이 있었다. 억울함을 호소하는 편지를 들어 보이는 그는 바로 이계심이었다.

"사또 나리, 너무도 억울합니다. 지금 당장 바위에 머리를 박고 죽고 싶은 심정이옵니다. 부디 저희들의 사정을 한 번만 들어 주소서."

'이놈 보게. 지금 저 하나 때문에 온 나라가 발칵 뒤집혔는데 건방지게 자신은 죄가 없다는 말인가? 하긴 몰골을 보아하니 제대로 먹지도 못하고 목숨만 겨우 붙은 채 도망을 다녔군. 불쌍하기는 하구나.'

"너의 죄는 잘 알고 있을 터이니, 너의 사연도 한번 들어 보자."

편지를 받아 들고 펼치니 제목이 먼저 눈에 띄었다.

'백성을 괴롭히는 열두 가지 재앙'

이계심이 쓴 글을 읽으니 백성들의 아픔이 온몸으로 느껴졌다. 탐관오리의 횡포에 시달리는 백성들이 피눈물로 한 자 한 자 쓴 글이었다.

'죽은 자나 갓난아기까지도 모두 세금을 물리고, 한 사람이 세금을 못 이겨 도망치면 남은 사람들이 그 세금을 세 배, 네 배씩 물고 있습니다. 냄비

나 숟가락이며 이불까지 가져가 온 가족이 눈물로 떨고 있습니다.'

암행어사 시절 탐관오리 때문에 고통받던 백성들의 모습이 떠올랐다. 정약용은 엎드려 눈물을 흘리는 이계심에게 손을 내밀었다.

"땀 흘려 일하는 백성이 눈물까지 흘려서야 되겠느냐. 일어서서 나를 따라오너라. 관아에 가서 다시 이야기하도록 하자."

정약용이 이계심을 데리고 관아에 들어서니 신임 부사를 맞을 준비로 떠들썩하던 아전들이 난리가 났다.

"신임 부사 행차…… 헉! 이, 이계심이다!"

"저놈이 감히! 여기가 어디라고 제 발로 찾아와? 어서 저놈을 묶어라!"

정약용은 손을 들어 그들을 가로막았다.

"멈춰라! 내가 알아서 할 것이니 모두 물러들 가라."

"하오나 부사 나리, 저놈은 극악한 죄인입니다. 즉시 포박을 하지 않으면 어떤 일을 저지를지 모릅니다."

"이미 자수한 죄인은 스스로 도망가는 법이 없다. 내 말을 들으라."

'치졸하고 야비한 데다 욕심만 넘치는 아전 네놈들이 더 극악한 죄인일 것이다.'

정약용은 끓어오르는 화를 참으며 입을 열었다.

"나는 왕명을 받든 곡산의 부사로서 이 자리에서 법정을 열어 이계심의 죄를 재판할 것이다."

정약용은 천천히 힘주어 말했다.

"한 고을의 수령이 밝게 일을 처리하지 못하는 까닭은 백성들이 다른 백성이 당하는 고통을 보고도 몸을 사려 항의하지 않기 때문이다. 모름지기 너와 같은 백성이 있어 형벌을 두려워하지 않고 만백성을 위해 그들의 원통함을 펼쳐 보였으니 너는 천금을 주고서도 얻기 힘든 사람인 것이다."

그리고 정약용은 깊게 숨을 한 번 들이쉬고 말을 이었다.

"나는 지엄한 왕의 명을 받든 부사로서, 오늘 너를 무죄로 석방한다."

주변 사람들이 전부 하얗게 질려 말을 잇지 못했다.

"나리, 지……지금 무엇이라고……?"

"어서 이계심을 석방하지 않고 무얼 하느냐?"

"하오나 부사 나리, 저놈은 역적 죄인으로, 마땅히 사형을……."

"어서 석방하라 하지 않느냐!"

아전들은 부랴부랴 이계심을 일으켜 세워 밖으로 데리고 나갔.

실제로 양반 중심 사회인 조선에서 이런 일은 있을 수 없는 일이었다. 당연히 이계심은 죽음을 면치 못할 신세였다. 그러나 정약용은 조금도 주저하지 않고 논리에 맞고 양심에 올바른 판결을 했다.

"사또 나리, 감사합니다, 감사합니다. 이 은혜 죽어도 잊지 않겠습니다. 신임 사또 나리 만세! 만세!"

이계심의 환호성에 백성들의 울분도 날아가는 듯했다. 그렇게 곡산은 정의와 양심이 살아 있는 마을이 되었다.

정약용은 작은 고을인 곡산을 하나하나 바꾸어 놓았다. 잘못된 관행은 과감히 없앴다. 이웃 마을과 함께 범죄를 수사하면 그곳 관찰사에게 돈을 보내는 관행이 있었는데, 정약용은 그 말을 듣고 펄쩍 뛰었다.

"**감영**에서는 마땅히 해야 할 일을 하는 것이고 나라에서 수사에 관한 비용도 전부 지급되는데 고을에서 돈을 또 보낼 이유가 도대체 무엇인가?"

가뜩이나 세금에 허리가 휘는 백성들이 안도의 한숨을 쉬었다.

"우리 부사 어른은 정말 선정을 베푸셔."

"그러게, 하늘 아래 이런 분이 다시 계시겠나. 신선일지도 몰라."

또 감영에서는 특산물에 대한 세금을 거뒀는데, 감영의 아전들이 제멋대로 세금을 더 내도록 강요하는 경우가 많았다.

"감영에서 하나를 구하는데 수령이 둘을 바치고, 노란 꿀을 달라는데 더 비싼 하얀 꿀을 바친다면 그것은 아첨이다. 문서에 정해진 대로만 보내라."

감영의 아전들은 당연히 길길이 뛰며 거부했다.

"어찌하여 곡산은 갑자기 특산물의 양이 줄어든 것인가? 감히 곡산에서 감영을 우습게 여기는 것이 아닌가? 당장 예전처럼 보내도록 하라."

이 말을 들은 정약용은 화가 머리끝까지 치솟았다.

"건방진 무리들 같으니라고! 내가 직접 관찰사 어른을 찾아뵙겠다."

정약용은 당장 관찰사를 찾아갔으나, 관찰사가 자리에 없어서 대신 편지를 전달했다.

"무슨 편지인가? 곡산의 부사라고? 갑자기 왜……."

편지를 읽던 관찰사는 한숨을 쉬었다. 그러고는 명령을 내렸다.

"곡산 부사의 말대로 해 주어라."

"예? 하오나 그렇게 하시면 관찰사 나리의 권위가……."

"저 사람은 그 고을 백성들을 등에 지고 있는데 나는 내 입만 가지고 있으니 다툴 수 없는 일이지 않겠느냐?"

정약용의 말은 하나도 틀린 것이 없으며 오직 고을의 백성을 위한 것이므로 관찰사도 차마 어쩔 수 없었던 것이다. 이렇게 아낀 돈으로 정약용은 낡은 관아를 새로 짓고 중국 사신을 접대하면서 고을의 위세를 높였다.

정약용은 사건 수사에도 능력을 발휘했다. 강도 살인 사건이 발생하자 직접 사건 현장으로 가서 범인의 흔적을 찾아냈으며, 범인을 아는 사람을 이용해 꾀를 내어 범인을 잡는 데 성공하였다.

"하루하루 힘들게 살아가는 백성의 재산도 모자라 목숨까지도 빼앗는 흉악무도한 죄를 짓고 감히 살기를 바라느냐?"

그 뒤로 도적 떼들이 곡산에는 얼씬거리지 못하게 되었다.

"이보게들, 곡산에서는 도적질할 생각 꿈에도 말게. 저번에 한 놈이 도적질을 하다가 시장 한복판에서 매를 맞아 죽었잖나? 다들 봤지?"

"곡산 부사는 백성들의 재물을 노리는 도적들을 제일 싫어한다더구먼."

정약용은 인구와 가축, 논밭, 신분 상황 등을 정확히 조사해야 고을의 발전이 있을 것이라고 여기고, 가장 충직하고 노련한 아전들을 불렀다.

"고을의 호구 조사를 실시할 것이다. 너희들은 맡은 구역으로 가서 정확히 조사하라. 조사 기간 동안 부족함 없이 여비를 지원하여 줄 것이니 민가에서 쌀 한 톨이라도 얻어먹었다가는 큰 벌을 받을 것이다."

감영
관찰사가 직무를 보던 관아.

정약용은 이렇게 조사한 내용을 표로 알기 쉽게 정리하여 정확하고 효율적으로 고을을 관리할 수 있도록 장부를 만들었다. 공정하고 정확한 조사로 비리가 끼어들 틈이 없게 하고 불공평한 세금이 없도록 했다.

한번은 곡산에 전염병이 돌아 많은 사람이 죽을 때가 있었다. 정약용은 마음이 아팠다.

'가난하고 힘없는 백성이 마마나 홍역이 돌면 약 한 첩 못 써 보고 그대로 명을 달리하니 이렇게 비참한 일이 어디 있는가. 목민관이 저들을 구하기 위해 노력을 하지 않으면 안 되리라.'

정약용은 많은 의학 서적들을 구해 읽고 자신의 경험을 총동원하여 홍역 치료에 관한 의학책 《마과회통》을 완성하였다.

1799년 초여름, 임금이 정약용을 불렀다.

"올해 극심한 가뭄으로 사건이 많이 생겨 그대의 도움을 좀 얻으려고 급히 불렀다. 그대가 곡산에서 사건을 해결한 보고를 들었는데 아주 놀랄 일이다. 글 읽는 선비가 어찌 그리 재판을 잘하는가?"

그리하여 정약용은 **형조 참의**에 올라 곡산에서의 경험을 살려 살인을 비롯한 큰 사건을 척척 해결하였다. 함봉련이라는 살인범이 7년 동안 감옥에 갇혀 있었는데 사건이 복잡해서 진범인지 아닌지 가려내기 어려웠다. 정약용은 사건의 기록을 면밀하게 살피고 직접 죄수를 만났다.

"참의 어른께서 직접 흉악한 자를 만나실 필요는 없지 않겠습니까? 혹시라도 해를 입으실까 염려됩니다."

"한 사람의 귀한 생사가 오직 나의 생각에 따라 결정되는데 어찌 신중하게 살피지 않을 수 있겠나? 당연히 죄인의 말을 직접 들어 보아야 하네."

함봉련의 말을 직접 들은 결과, 정약용은 그의 무죄를 알게 되었다. 정약용은 증거를 모아 정확한 보고서를 작성했다.

'목격자의 말에 따르면 범인이 땔나무를 지고 돌아오는 길에 죽은 자를 만나 그의 등을 밀어서 죽였다고 합니다. 그렇다면 죽은 자의 등에 상처가 있어야 하고 죽음의 원인도 떨어져 죽은 것이어야 하는데 시체의 상처는 오히려 가슴에 있고 두들겨 맞은 흔적도 있으니 목격자의 증언과 맞지 않습니다. 그리고 재판을 공정하게 행하기 위해서는 중립적인 사람을 증인으로 써야 하는데, 이 목격자는 살인의 의심도 받아서 자신이 살려고 발버둥친 사람입니다. 따라서 그의 증언은 충분한 증거가 되지 못합니다. 이번 사건은 조사가 완전히 잘못되었습니다.'

정조 임금은 즉시 답신을 보냈다.

'사건의 처리가 정확하니 함봉련을 즉각 석방하고 사건을 재조사하라.'

정약용은 또한 실수로 사람이 죽게 된 사건은 살인이 아님을 주장하여 죄를 가볍게 해 주기도 했다. 모두가 '재판관 한 사람의 결정이 사람의 생사를 결정한다'는 생각에 바탕을 둔 일이었다.

사람의 목숨을 소중히 여기고 죄는 엄격히 물어 재판을 바르게 하는 것이 정약용이 생각한 관리의 중요한 책임이자 의무였다.

형조 참의
조선 시대 육조 가운데 법률과 소송, 형벌과 감옥 등에 관련된 일을 맡아보던 형조의 정3품 벼슬.

6장
어디서나 백성이 보인다

"요즘 정약용이 주상 전하만 믿고 날뛰는 것 보았소?"

"보았다마다. 내 원 눈꼴시어서……."

"아직 새파란 놈이, 게다가 천주학쟁이 아닌가?"

"그렇지만 정약용이 지금 천주학을 믿는다는 증거는 없으니 몰아낼 방법이 없소이다."

"잘 생각하면 방법이 왜 없겠소? 정약용의 가족들이 천주학을 따르는 것 모르오?"

정약용이 곡산 부사 자리에서 다시 조정으로 돌아와 어려운 사건을 해결하며 승승장구하자, 반대파는 정약용을 몰아내기 위해 더욱더 심하게 정약용을 모함했다.

"형조 참의로 있는 정약용의 형인 정약종이 국법으로 금지하는 천주교를 믿고 있으니 즉각 조사해야 하옵니다."

형제까지 들먹이며 자신을 제거하려는 반대파의 비겁한 수작에 할 말을 잃은 정약용은 완전히 벼슬을 떠나겠다는 상소를 올렸다.

'저는 구차하고 무리하게 부귀영화를 바라지 않습니다. 지금 떠나지 않으면 저는 세상에서 버림받을 뿐 아니라 가문을 망치는 사람이 될 것이니 차마 그런 짓을 할 수는 없습니다. 바라옵건대 전하께서는 저의 죄를 물으시고, 벼슬을 지워 깊이 반성하도록 해 주시옵소서. 살아서 은혜를 다 갚지 못하고 아직 이른 나이에 영원히 궐문을 나서려니 눈물이 앞을 가려 글을 더 잇지 못하겠나이다.'

눈물의 상소를 받아 든 정조는 답신을 보냈다.

'그대가 아무 허물이 없음은 과인이 정확히 안다. 어떠한 일이 있어도 걱정할 것이 따로 없으니 흔들림 없이 직무를 수행하라.'

그러나 정약용은 임금의 편지에도 출근을 하지 않았다. 하루, 이틀, 사흘……. 결국 임금도 포기할 수밖에 없었다.

"오늘도 오지 않았느냐? 할 수 없구나. 정약용의 직무를…… 정지하도록 하라."

결국 정약용은 겨우 38세의 나이로 영원히 벼슬에서 물러났다.

그러던 어느 날 정조는 한밤중에 정약용의 집으로 사람을 보냈다.

"전하의 명으로 책을 전해 드리러 왔습니다."

사신은 임금의 말을 한 마디 한 마디 전하였다.

"요즘 새로 책을 편찬하는 일이 있어 그대를 부르려 하나, **주자소**에 작은 공사가 있어 아직은 어렵다. 공사가 마무리되는 대로 부를 것이니 준비하도록 하라. 책을 열 권 보내니 다섯 권은 집안의 물건으로 보관하고 다섯 권은 제목을 써서 올려 보내도록 하라."

책을 받아 든 정약용은 감동과 고마움으로 눈물을 멈출 수가 없었다.

'아, 전하께서는 어찌 아직도 이 미천한 사람을 잊지 않으시고…….'

그러나 그다음 날 안타깝게도 정조는 병을 얻어 앓아누웠고, 결국 얼마 후에 **서거**하였다. 정약용은 하늘이 무너지는 것 같았다.

'전하, 어찌 그렇게 황망히 가시나이까. 아직 소신은 은혜도 갚지 못하였는데……. 그때 책을 보내서 안부를 물어 주신 것이 마지막이라니…….'

임금과 신하의 사이를 넘어 누구보다도 서로를 아끼며 우정을 나눈 두 사람이었다. 어쩌면 정조는 죽음을 예감하고 정약용에게 마지막 메시지를 전한 것이 아닐까.

'이곳은 위험하니 어서 떠나라. 참으로 보고 싶지만 아마도 다시는 힘들 것이다. 그러나 기회가 닿는다면 꼭 다시 불러 그대와 함께 밤을 새워 토론하며 학문을 연구하고 싶구나. 영원히 그 마음은 변치 않을 것이다.'

18년 우정은 끝나고 세상은 변했다.

"이제 왕도 사라졌으니 정약용을 없애는 것은 아무것도 아니겠지요?"

"이 기회에 그 꼴 보기 싫은 무리들을 한 번에 엮어 없애 버립시다."

불안한 예감이 든 정약용은 한양을 떠났다. 고향 집에 돌아와 '여유당(與猶堂)'이라는 현판을 내걸었다. '여유'란 《노자》에 나오는 말로 '한겨울 강을 건너듯 망설이고(여), 사방의 이웃을 두려워하듯 주저한다(유)'라는 뜻이다. 정약용은 《여유당기》라는 책에서 '여유당'이라는 이름의 의미를 자세하게 밝혔다.

'겨울에 냇물을 건너는 것은 뼛속까지 시린 일로, 어쩔 수 없는 일이 아니면 하지 않는다. 이웃을 두려워하는 사람은 지켜보는 눈이 무서워서 주저하게 된다. 나는 망설이고 주저하며 조심스레 살아가야 한다.'

백성을 하찮게 여기며 자기 욕심만 채우려는 양반들이 권세를 부리는 세상에서 백성을 생각하는 정치인이 발을 붙일 곳은 없었다. 자신을 향한 지독하고 집요한 공격을 오직 양심 하나로 막아 내던 정약용도 더 이상 버티지 못하고 몸을 사리고 만 것이다.

정조의 죽음 이후 아들인 순조는 겨우 11세로 왕위에 오르게 되었고, 모든 권력이 순조의 증조할머니인 정순 왕후에게 넘어갔다. 사도 세자를 죽게 한 장본인인 정순 왕후는 천주교 탄압 정책을 펼쳤다.

"나라의 뿌리를 뒤흔드는 사학을 엄하게 금지하며, 계속해서 사학을 따르는 자는 마땅히 대역죄로 처단할 것이다. 숨은 무리들을 모두 잡아내어 엄벌에 처하라!"

주자소
조선 시대 활자를 만들어 책을 찍어 내던 관청. 정조 때에는 규장각에 소속되어 있었다.

서거
'죽어서 세상을 떠남'을 높여 이르는 말.

정약용의 셋째 형 정약종이 천주교 서적을 옮기다가 붙잡히게 되었고, 정약용에게 앙심을 품은 경기 관찰사 서용보가 우의정이 되어 천주교 탄압을 주도했다. 정약용과 그 주변 사람들까지 잡혀 들어가 모진 고문을 받았고, 정약용은 경상도 장기로, 둘째 형인 정약전은 전라도 완도로 유배를 가게 되었다. 천주교를 포기하지 않은 정약종은 사형을 당했다.

유배지에서 정약용의 눈에 가장 먼저 띈 것은 역시 백성들이었다. 비록 자신도 비참한 신세였지만 백성들의 고달픈 삶을 모른 척할 수가 없었다. 정약용의 붓은 백성들의 울음으로 가득 찼다.

> 궂은비, 궂은비가 지겹게도 내리니
> 밝은 해 안 나오고 구름도 안 걷히네
>
> 보리는 싹 나고 밀은 쓰러지는데
> 돌배와 산앵두만 살이 올라
>
> 아이들 따 먹으니 뼛속까지 시큼하네
> 쓰러진 보리 그대로인데 이를 누가 알리오
>
> — 〈장마〉

여름철 지루한 장마로 인해 농사는 망치고 아이들은 건강을 해친다는 시에서 백성의 먹을거리를 걱정하는 정약용의 마음을 엿볼 수 있다.

상추 잎에 보리밥 싸서 먹고

　　고추장에 파 뿌리 찍어 먹는다

　　올해는 넙치마저 구하기 어렵구나

　　잡는 족족 말려서 관청에 바쳤으니

-〈장기 농가〉 중에서

　가난한 어민들은 힘들여 잡은 넙치마저 다 관청에 빼앗기고 겨우 채소 몇 가지만 가지고 밥을 먹는 처지였다. 정약용은 시를 통해 백성들의 어려운 삶을 날카롭게 고발하면서, 이러한 백성들의 괴로움은 아랑곳하지 않고 기름진 음식을 배불리 먹는 양반들을 비꼬았다.

　한편 정약용은 곡산 부사를 지낼 때의 경험을 살려 작은 것이라도 가리지 않고 백성들에게 도움을 주고자 했다.

　"영감, 듣자 하니 장기 어민들은 고기잡이가 영 신통치 않다던데요?"

　"말도 마십시오. 그물이 어찌나 자주 끊어지는지, 칡 말고 좀 더 튼튼한 것이 있으면 좋겠다 싶을 때가 한두 번이 아닙니다."

　"칡이라고요? 칡으로 그물을 엮어 고기를 잡는단 말입니까? 칡은 약한 데다 촘촘하지도 못할 텐데……."

　"그래도 그것밖에는 다른 수가 없답니다."

　"칡 말고 무명실로 그물을 짜면 더 튼튼하고 촘촘해서 고기가 잘 잡힐 겁니다. 어민들에게 전해 주시오."

　어부들이 무명실로 그물을 짜서 사용하기 시작하자 정말 고기가 훨씬 잘 잡혔다.

"선비님, 대단하십니다. 무명 그물을 쓰니 고기가 훨씬 잘 잡힌답니다."

"허허, 다행이외다."

또 정약용은 유배지의 뒤떨어진 의술을 안타깝게 여겨 《촌병혹치》라는 의서도 썼다. 곡산에서 《마과회통》을 쓴 경험을 바탕으로, 시골 마을에서 아까운 죽음을 막는 데 작은 도움이라도 되자는 의도였다.

정약용은 **황사영**의 백서 사건이 일어나자 다시 한양으로 잡혀 올라갔다. 반대파들이 정약용을 없애려고 구실을 찾은 것이다. 그러나 이번에도 정약용에게 죄가 없음이 밝혀졌다. 그러나 서용보의 강력한 주장으로 정약용은 전라도 강진으로 유배를 떠나게 되었다.

강진 유배 생활은 시작부터 험난했다. 사람들은 죄인 신분인 정약용을 돌림병이나 독을 가진 사람처럼 취급하며 가는 곳마다 홀대했다.

"재수 없게…… 저리 가시오!"

"무슨 역적질을 했기에 이렇게 먼 곳까지 귀양을 온 거야?"

갈 곳 없는 정약용을 주막집의 노파가 불쌍히 여겨 받아 주었다.

"누추하지만 여기라도 괜찮으시면 편히 계십시오. 선비님이 글 읽으시기에는 밤낮으로 소란스러운 곳이라……."

"고맙소이다. 이렇게 신세를 지게 되어 송구하오."

좁고 불편한 오두막이었으나 갈 곳 없는 그에게는 대궐이나 다름없었다. 비바람을 막아 주고 끼니 걱정을 덜 수 있는 것만으로도 다행이었다.

정약용은 다른 생각을 접고 오직 책 읽기에만 몰두했다. 낮이나 밤이나 게으름 피우지 않고 학문을 연구하며 글을 정리했다. 그러자 얼씬도 않고 따돌리던 마을 사람들이 조금씩 다가오기 시작했다.

"선비 어른, 계십니까? 문안 좀 여쭙겠습니다."

"이른 아침에 누구시오?"

"이 고을 관청의 아전이온데 긴히 부탁드릴 일이 있어 찾아왔습니다."

정약용은 의아해하며 주막집 골방의 초라한 문을 열었다.

"저희가 선생을 몰라 뵙고 실례를 범했습니다. 이 고을에는 전부 힘들고 답답한 사람들뿐이라 외부 사람을 경계합니다."

"아니오, 괜찮소. 나라의 죄인이 환영받을 걸 기대해서는 안 되지요."

"괜찮으시면…… 저희 아이들에게 공부를 가르쳐 주시겠습니까?"

정약용은 기꺼이 부탁을 받아들였다.

'이런 시골에서도 배움의 열기는 소중한 것이다. 나도 오랜만에 학동들의 글 읽는 소리를 들으니 생기가 도는구나. 이들이 부지런히 배울 수 있게 돕는 것도 보람 있는 일이다.'

정약용은 공부방이 된 주막집 골방에 이름을 붙이기로 했다.

"이곳을 '사의재'라고 부르기로 하자."

"선생님, 사의재라 함은 무슨 뜻이옵니까?"

황사영
주문모 신부에게 교리를 배운 천주교 신자로, 1801년 조선의 천주교 박해 상황을 알리는 편지를 써 중국에 있는 주교에게 보내려다 발각되어 처형당했다.

牧民心書

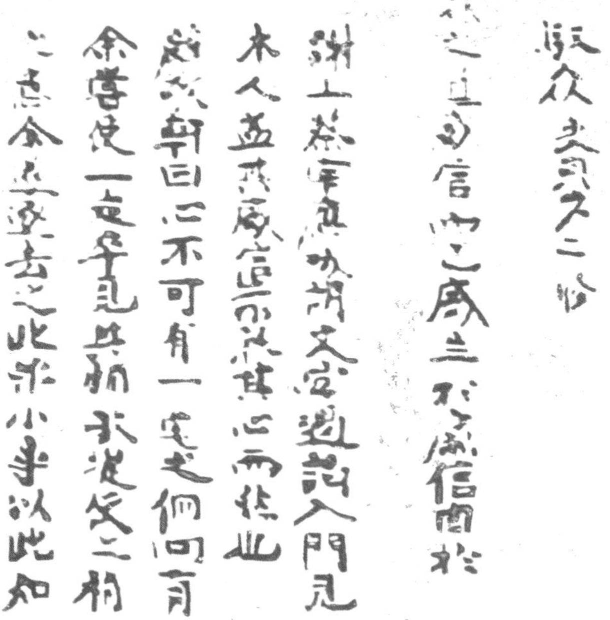

馭衆 衆寡之勢

余之在西營也三次威信聞於
謝上於軍卒誘脅文宣謀訟入門見
本人益不威信而不其心而後此
威然朝回心不可有一毫走個回省
余嘗使一卒牟見其前我及父之相
之處余不敢去之此非小事以此知

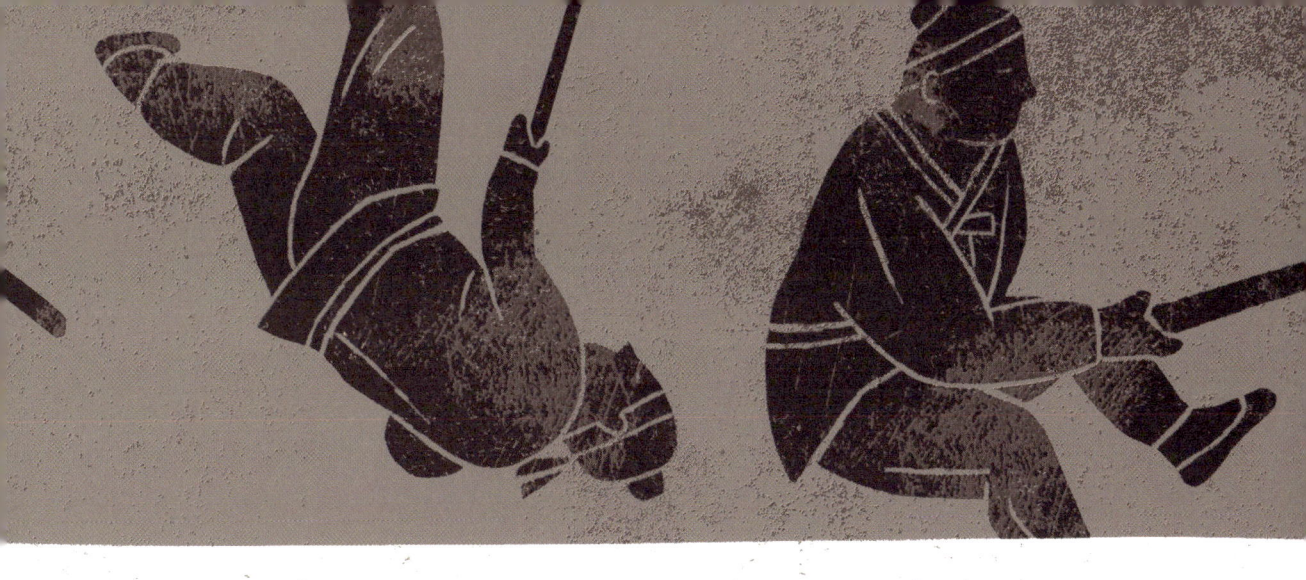

牧民心

淵水 丁鑰銅

敗後走到八二舖

默公走到官山之處三次威信問於
淵上於軍中加聞文書遊說入門見
木人孟太威官示於其心而拔此
箭欢朝回心不可有一定走個回有
今年之臺九已老仍不大差之

"생각은 마땅히 맑아야 한다. 용모는 마땅히 엄숙해야 한다. 말은 마땅히 과묵해야 한다. 동작은 마땅히 무거워야 한다. 이 네 가지를 마땅히 지켜야 할 방이라 하여 사의재(四宜齋)라 하는 것이다."

사의재는 생각, 용모, 언어, 몸가짐을 바르게 함으로써 학자의 도리를 지켜 학문에 정진하려는 의지이자, 답답하고 꽉 막힌 시골 마을에 학문의 등불을 켜는 작은 변화의 시작이었다.

정약용이 본 강진 백성의 삶도 장기와 다르지 않았다. 강진에도 탐관오리가 있었고, 세금은 가혹했다. 아무런 힘도 없고 해결책을 쓸 수도 없는 정약용은 안타까운 마음을 시로 달래는 수밖에 없었다.

김매고 북 돋우는 데 호미를 쓰지 않고
맨손으로 잡초를 뽑아 없애네

맨다리에 방게 물려 흐르는 피를
어찌하면 승정원 상소문에 그려 볼까

넓디넓은 연못 속에 물고기도 안 기르고
아이들도 연꽃 하나 못 심게 한다네

연밥 열면 관가에 바쳐야 할 것이며
한가한 날 사또 나리 낚시질 올까 해서라네

-〈탐진(강진) 농가〉 중에서

호미 살 돈도 없이 잡초 뽑는 거친 일도 전부 손으로 하는 판국에 옷도 부족해 맨다리에 피를 흘리며 일하는 농민들. 백성의 생활은 아랑곳없이 낚시나 즐기는 양반들에게 연꽃 열매를 따다 바치고 낚시 시중을 들어야 하는 죄 없는 백성. 정약용은 가슴이 답답함을 느꼈다.

'어찌 백성들은 이다지도 힘들고 비참하게 살아야 한단 말인가. 참을 수 없는 화가 치미는구나.'

한번은 이웃 마을의 백성이 아직 군대에 갈 나이도 안 된 갓난아기의 **군포**를 못 냈다는 이유로 소를 빼앗긴 일이 있었다. 이에 억울함과 분노를 느끼고 다시는 아기를 낳지 않겠다며 자신의 몸을 칼로 해한 사건이 벌어졌다. 이 이야기를 들은 정약용은 치솟는 울분을 누르며 붓을 들었다.

> 양반들은 한평생 풍악이나 즐기면서
> 쌀 한 톨, 비단 한 치 바치는 일 없으니
> 다 같은 백성인데 이다지도 불공평한가
>
> —〈애절양〉 중에서

> **군포**
> 조선 시대 16세 이상 된 양인 남자들이 군 복무를 대신해서 매년 나라에 바치던 베.

살림이 넉넉한 양반은 아무것도 나라에 바치는 것이 없는데, 힘없고 가난한 백성은 허리가 휘도록 일만 하고 다 빼앗기는 세상이라는 것이다.

'어찌 고을의 수령이 백성을 평안하게 다스릴 생각은 안 하고 자기들 욕심에만 눈이 멀어 백성을 이렇게 쥐어짜고 괴롭힌단 말인가. 이래서는 나라가 제대로 돌아갈 수가 없다.'

안타까워하던 정약용은 마침내 결심을 하였다. 탐관오리를 막고 백성을 위하는 정치의 기본을 알리는 책, 《목민심서》를 쓰기 시작한 것이다.

'목민관이 청렴한 마음을 지키고 바르게 다스리기만 하여도 나라가 평안하고 백성이 살기 좋게 될 것이다. 이에 목민관이 마땅히 지켜야 할 일을 책으로 남겨 알려 주고자 한다. 나는 벼슬이 없어 아무런 강제력을 갖지 못하니 부디 마음으로 우러나서 이 책대로 해 주기만을 간절히 바랄 뿐이다.'

그 당시 모든 수령들이 《목민심서》대로만 고을을 다스렸다면 탐관오리로부터 괴롭힘을 당하는 백성은 없었을 것이다. 그러나 슬프게도 선량한 목민관은 정약용의 기대보다 훨씬 적었다.

백성을 위한 정약용의 마음은 교육에도 닿았다.

'중국과 우리의 학문은 서로 고르게 연구해야 한다. 그러기 위해서는 우리의 학문을 세워야 해.'

정약용은 우리나라 학문을 세우기 위하여 아이들이 처음 배우는 《천자문》에 대해서도 문제를 제기했다.

"우리나라 사람들은 중국에서 만든 《천자문》으로 아이들을 가르친다. 그러나 이 책은 어린아이들을 가르치기에 좋은 책이 아니다. 하늘 천(天),

땅 지(地)를 배우고 나면 다음에는 해와 달(日月, 일월), 산과 내(山川, 산천) 등을 배워서 관련된 글자들을 먼저 다 이해해야 하는데, 바로 검은색과 누런색(玄黃, 현황)을 가르치니 들쭉날쭉한 방법이다. 글자 사이에 아무런 상관이 없어 아이들은 글자의 의미를 제대로 알지 못해 한자를 익히기가 무척 어렵다. 글자는 뜻의 의미를 알고 배워야 한다. 맑을 청(淸) 자로 흐릴 탁(濁)을 배우고, 가까울 근(近) 자로 멀 원(遠)을 배워야 두 가지의 뜻을 함께 알게 되고, 같은 종류의 글자를 동시에 익혀 훨씬 쉽고 효과적이다."

이렇게 해서 정약용이 새롭게 개발한 글자 책이 바로 《아학편》이다.

"이 책은 겹치는 글자 없이 2천 자를 뽑았고 비슷한 종류의 글자들을 함께 익히게 하여 글자의 의미를 쉽게 알고 오래 기억하게 하였다. 예를 들어 천지부모(天地父母) 다음에 군신부부(君臣夫婦)를 익히고 그다음에 형제남녀(兄弟男女)를 배우면, 예의를 익히며 그에 맞는 글자도 익히는 것이다."

정약용의 생각은 딱 들어맞았다.

"선생님, 이 책으로 배우니 글자가 금방 익혀집니다."

"《천자문》은 뜻도 모르고 외기만 했는데 이 책에서는 우리가 쓰는 말이 글자로 나오니 뜻도 쉽고 글자도 쉽게 익힐 수 있습니다."

"비슷하거나 뜻이 반대인 말을 같이 익히니 훨씬 쉽습니다."

정약용의 학문은 실제로 도움이 되며 유용하게 쓸 수 있고 모두가 편리하게 여기는 학문임을 《아학편》 하나로도 잘 알 수 있다. 정약용의 학문에는 오직 백성만 바라본 정약용의 마음이 담겨 있었다.

조선의 천주교 탄압

진산 사건(신해박해)

1791년(정조 15)에 전라도 진산에서 선비 윤지충과 그의 친척 권상연이 윤지충의 어머니가 죽자 천주교식으로 장례를 치렀다. 독실한 천주교도인 이들은 조상의 제사를 지내지 않고 집안의 신주(조상의 혼을 모신 위패)를 불태웠다. 이 일로 조정에서는 두 사람을 잡아 처형하고, 천주교 교주로 알려진 권일신을 유배 보냈다. 윤지충과 권상연은 남인에 속해 있었는데, 남인과 대립하던 노론 벽파들은 이 일을 빌미로 정약용이 속한 남인들을 공격하게 되었다. 또한 윤지충이 정약용의 친척이었고 윤지충에게 천주교를 전파한 사람은 정약용의 매형인 이승훈이었다는 이유로 정약용은 천주교와 관련하여 공격을 받기 시작했다.

윤지충 순교터

주문모 입국 사건과 신유박해

1794년 12월, 조선 천주교 신자들은 청나라의 신부 주문모를 몰래 조선에 들어오게 한다. 주문모는 한양 북촌에 숨어 살며 천주교를 전파하여 신도들이 빠르게 늘어났다. 그러다 신도 한영익의 밀고로 결국 무리들이 체포되었다. 주문모는 달아나고 함께 활동하던 신자들이 모진 고문을 받다가 처형당했다. 노론은 이 사건을 빌미로 천주교에 관대한 편이었던 남인 계열이 뒤를 봐주고 있

신유박해 때 많은 신도들이 처형된 자리에 세워진 새남터 성당

다고 주장했다. 이로 인해 이가환과 이승훈, 정약용이 지방 관직으로 보내졌다. 주문모 신부는 충청도 지방으로 내려가 강완숙의 집에 숨어 지내며 교리 연구회를 조직하여 정약종을 회장으로 추대하고 활발하게 전도 활동을 했다.

천주교에 너그러운 정책을 펴던 정조와 채제공이 죽은 뒤, 1801년 신유년 순조를 대신해 나랏일을 보던 정순 왕후가 본격적으로 천주교를 금지하고 신도들을 잡아들이기 시작했다. 이를 신유박해라고 하는데, 이때 이가환, 이승훈, 정약종 등 천주교도 수백 명이 처형되었고, 주문모 신부는 중국으로 피신하려다 의금부에 자수를 하고 처형당했다. 이때 정약용과 정약전은 귀양을 가게 되었다.

황사영 백서 사건

1801년 신유박해로 많은 사람들이 고난을 당하자, 주문모에게 세례를 받은 천주교도 황사영이 조선의 천주교 박해 사실을 외국에 몰래 알리려다 적발되었다. 이를 '황사영 백서 사건'이라고 한다. 황사영은 하얀 비단에 글자를 써서 조선이 천주교를 탄압하지 못하게 해 달라고 청나라에 요청하려 했다. 백서의 내용은 무척 과격하여 조선이 계속 천주교를 탄압하면 서양의 군대를 보내어 천주교도를 구해 달라는 내용까지 있었다. 백서를 본 조정은 발칵 뒤집혀 천주교도를 역적으로 취급하게 되었고, 백서를 만든 사람들을 전부 처형하고 가족들은 모두 멀리 유배를 보냈다. 정약용은 황사영 백서 사건과 아무런 관련이 없지만 천주교도로 몰려 결국 장기에서 더 먼 강진으로 유배를 떠나게 되었다. 이 백서는 우리나라의 중요한 천주교 박해 관련 역사 자료로 바티칸 교황청에 보관되어 있다.

황사영 백서

7장
아버지의 이름으로, 학자의 마음으로

어느 날, 강진에서 정약용은 가슴 아픈 소식을 접해야 했다. '농아'라는 이름을 가진 막내아들이 천연두를 앓다 4세의 나이로 그만 세상을 떠나고 만 것이다.

정약용은 하늘이 무너지는 슬픔을 느꼈다. 그러나 마음을 가라앉히고 아들과의 추억을 하나하나 되새기며, 마지막 가는 길에 조금이라도 위로가 되어 주려고 했다.

강진으로 떠날 때, 네 어머니가 나를 가리키며 "저분이 네 아버지다."라고 하니 너도 어머니를 따라서 "저분이 우리 아버지다."라고 했다. 너는 아버지가 누군지도 몰랐던 것이니 가슴이 미어질 일이다.

또 너에게 전해 주라고 소라 껍데기 두 개를 보냈는데, 너의 어머니 편지에 너는 강진에서 사람이 올 때마다 소라 껍데기를 찾았고, 못 찾으면 몹시 섭섭해했다고 하는구나. 이제 네가 죽고 나서 소라 껍데기를 다시 보니 슬프기 한량없구나.

-〈농아광지(농아의 무덤에 바치는 글)〉 중에서

그리고 아들을 잃은 아내의 마음을 위로하기 위해서 아들들에게 편지를 썼다.

'너희들은 마음과 몸을 다해 어머니를 섬겨 오래 사시도록 하여라. 두 며느리들은 정성스러운 마음으로 어머니께 맛있는 음식을 해 드리고, 방이 따뜻한지 항상 살피며, 한시라도 어머니 곁을 떠나지 말고, 고운 태도와 부드러운 낯빛으로 매사를 기쁘게 해 드리도록 해라.'

이렇듯 정약용은 효를 가장 중요하게 생각했다. 효는 정약용이 생각하는 가족 사랑의 모습이기도 했다.

유배 생활 중 가족의 편지를 받고는 그리움과 감격에 가슴이 북받쳐 애끓는 마음으로 시를 남기기도 했다.

천릿길을 달려온 하인이 전하는 편지
주막집 등잔 아래 홀로 긴 한숨이네

어린 자식 채소 심어 애비보다 낫고
병든 아내 옷 부쳐 주니 아직 사랑이 남았네

내 식성 알아서 찹쌀 챙겨 보내면서

굶주림 면하려고 철투호를 팔았다니

그 자리에서 쓰는 답장, 달리 할 말 못 찾아

뽕나무 수백 그루 심으라고만 했네

-〈새해에 고향 편지를 받다〉 중에서

아내가 시집올 때 입던 낡은 치마를 강진으로 보내어 변함없는 사랑을 전하자, 그 치마를 잘라 아들에게 전할 교훈을 담은 글을 쓴 일도 있다.

몸져누운 아내가 해진 치마 보내오니

천리 밖 먼 곳의 그리움 담겨 있네

오랜 세월에 붉은빛 바랜 것을 보니

늘그막에 서러운 생각만 일어나네

재단하여 작은 서첩을 만들어

아들들 타이르는 글귀나 써 보았네

어버이 마음 제대로 헤아려서

평생토록 가슴속에 새겨 두길 바라노라

-〈하피첩〉 중에서

정약용은 편지를 통해 두 아들에게 공부를 게을리하지 말 것을 강조했다. 그 중심에는 늘 독서가 있었다.

'죄인의 가족으로서 잘 처신하는 방법은 오직 독서뿐이다. 독서는 사람에게 있어 가장 중요하고 깨끗한 일일 뿐 아니라, 호사스러운 양반 자제들에게만 그 맛을 아는 특권이 주어지는 것도 아니고, 촌구석 수재들이 그 깊은 맛을 얻기도 어렵다. 벼슬하던 집안의 자제로서 어려서부터 듣고 본 바도 있는 데다 중간에 재난을 만난 너희들 같은 젊은이들이야말로 진정한 독서를 하기에 가장 적합한 것이다. 독서를 하려면 먼저 근본을 확립해야 한다. 학문에 뜻을 두지 않으면 독서를 할 수 없으며, 학문에 뜻을 둔다고 했을 때는 반드시 먼저 근본을 확립해야 한다. 근본이란 '효제(孝悌)'를 일컫는다. 부모님께 효도하고 형제간에 우애 있게 지냄을 확실히 하면 학문은 자연스럽게 몸에 배어들어 넉넉해지는 것이다.'

정약용은 먼 거리에서 두 아들을 편지로 가르치며 그들이 글공부에 전념하기를 바랐다. 그렇다고 아들들이 큰 벼슬을 하여 자기를 유배 생활에서 풀어 주기를 기대한 것은 결코 아니었다. 단지 사람됨은 독서와 공부에서 나온다고 믿었기 때문에 그것을 아들들이 반드시 실천해 주길 바랐던 것이다.

정약용은 바른 독서에 대해 아들들에게 편지로 여러 번 강조하였다.

'나는 새해가 되면 한 해 동안 공부할 과정을 미리 계획하는 습관을 들였다. 예를 들어 무슨 책을 읽고 어떤 글을 뽑아서 쓴다는 계획을 하는 것이다. 잘되지 않을 때도 있었지만 생각이나 마음은 없어지지 않으니 많은 도움이 되었다. 내가 지금까지 너희들 공부에 대해서 글과 편지로 수없이 권했는데 너희는 아직도 제대로 질문도 하지 않고, 학문에 대한 논의도 없으

니 도대체 어찌 된 노릇이냐? 너희 처지가 비록 벼슬길은 막혔어도 문장가가 되거나 선비가 되는 데는 아무런 문제가 없지 않느냐? 가난을 겪고 고생하면서 공부하면 오히려 잘못된 길로 가지 않고 지혜가 더 넓어지는데 어찌 아직도 이러고 있느냐? 율곡 이이 선생은 어버이를 일찍 여의고 어려움을 참고 견디며 마침내 지극한 도를 이루었다. 몰락한 가문이라 하더라도 효제를 숭상하고 경서를 연구하며 책을 서가에 가득히 두고 노력하다 보면 다시 일어날 수도 있는 것이 아니겠느냐?'

정약용은 아들들에 대한 걱정과 안타까운 마음으로 멀리서 발을 동동 굴렀다.

'마음 같아서는 당장 달려가 두 녀석을 불러 앉혀 혼을 내고 책상에 붙잡아 놓고 싶은데 그럴 수가 없는 것이 너무나 안타깝구나.'

고향에 있는 두 아들도 공부에 지치고 마음이 어지러울 때마다 아버지의 편지를 꺼내 보았다.

'그래, 우리가 이러고 있어서는 안 돼. 우리는 부지런히 책을 읽고 공부를 해야 해. 아버지께서 겪으시는 고통은 지금 우리가 겪는 불편함이나 가난과는 비교할 수도 없어. 우리가 공부를 하는 것만이 아버지를 기쁘게 해 드리는 거야.'

전라도 강진과 경기도 마재, 발길이 닿지 않는 먼 거리를 오직 편지만으로 극복하며 아버지는 아들들을 학자로 길렀다.

정약용은 학문에 있어 중국의 전통적인 방법을 따르면서도 또한 일방적으로 중국을 따라서는 안 된다는 주장도 했다.

"한 가지 우리나라에 괴이한 일은 우리 문학을 심하게 배척하고 무시하는 것이다. 우리나라의 옛 문헌이나 문집에는 눈길도 주지 않으니 이것은 아주 옳지 못한 일이다. 우리나라의 옛일을 알지 못하고 선배들의 생각을 읽지 않는다면 학문을 열심히 한들 엉터리가 될 뿐이다. 시를 지을 때 중국의 옛이야기를 고스란히 따오는 짓을 해서는 안 된다. 우리나라의 좋은 책이 참으로 많지 않느냐? 그것들을 꼭 읽도록 해라."

다산 초당에 머물며 생활이 안정되자 정약용은 아들들에게 바른 삶의 태도를 알려 주기도 했다.

"재물은 자손에게 전해 준다고 해도 끝내는 사라진다. 다만 가난한 사람에게 나누어 준다면 그 재물은 영원히 사라지지 않는다. 왜 그런가 하면 형태가 있는 것은 없어지게 되지만, 형태가 없는 것은 사라지기 어렵기 때문이다. 스스로 자신의 재물을 사용하는 것은 재물의 형태를 사용하는 것이고, 재물을 남에게 나누어 주는 것은 정신적으로 사용하는 것이다. 따라서 재물을 비밀리에 숨겨 두는 방법으로 가장 좋은 것은 남에게 베푸는 것이다. 도적에게 빼앗길 염려도 없고, 불에 타 버릴 걱정도 없으며, 무겁게 운반하는 수고도 없다. 게다가 죽은 다음에 꽃다운 이름을 천년 뒤까지 남길 수도 있다."

"내가 벼슬을 하지 못하여 너희들에게 물려줄 밭뙈기 하나 없으니 오직 정신적인 부적을 하나 물려주겠다. 한 글자는 근(勤)이고, 또 한 글자는 검(儉)이다. 이 두 글자는 그 어떤 좋은 밭이나 기름진 땅보다도 나은 것이니 일생 동안 써도 다 닳지 않을 것이다. '근'은 부지런함이다. 오늘 할 일을 내

일로 미루지 말며, 아침에 할 일을 저녁때로 미루지 말며, 비 오는 날 해야 할 일을 맑은 날까지 끌지 말아야 한다. 요컨대 집안에 단 한 사람도 놀고먹는 사람이 없게 해야 하고, 잠깐이라도 한가롭게 보여서는 안 된다는 것이다. '검'이란 사치하지 않는 것이다. 의복이란 몸을 가리기만 하면 되는 것인데 고운 비단으로 만든 옷은 조금이라도 해지면 볼품없는 것이 되어 버리지만, 값싼 옷감으로 된 옷은 약간 해진다 해도 보기에 괜찮다. 옷을 만들 때는 오래 입는 것을 생각해야 한다. 음식이란 목숨만 이어 가면 되는 것이다. 맛있는 고기나 생선도 입안으로 들어가면 더러운 물건이 되어 버린다. 인간이 단 한 가지 속일 수 있는 것은 자기의 입이다. 아무리 맛없는 음식도 맛있게 생각하여 입을 속여 잠깐만 지내고 보면 배고픔은 가셔서 주림을 면하게 된다. 이러해야만 가난을 면할 수 있다. 근과 검을 명심하도록 해라."

유배지를 떠나 고향에 와서도 가족에 대한 사랑과 책임은 끝나지 않았다. 정약용은 자신이 고향에 돌아오기도 전에 안타깝게 세상을 뜬 둘째 며느리의 일대기를 지었다. 자신의 아내인 시어머니를 지극한 정성으로 모시며 효도를 다한 며느리가 무척 고마웠다.

'그렇게 고생을 하고 성품도 좋은 사람이 고작 서른 살에 자식도 하나 없이 세상을 뜨다니……'

며느리에 이어 자신의 어린 시절을 정성껏 돌봐 준 새어머니, 그리고 흑산도 유배 생활 중에 쓸쓸하게 죽음을 맞은 가장 존경했던 형 정약전의 일대기도 썼다.

'내가 할 수 있는 것이라고는 글로써 그 사람됨을 영원히 기리는 것뿐이니, 서운하지 않게 가신 분을 칭송해 드려야지.'

정약용이 장기를 떠나 다시 강진으로 유배되던 때, 형인 정약전은 강진보다 더 먼 외딴섬인 흑산도로 가게 되었다. 그리고 결국 그곳에서 정약전은 생을 마감하게 되었다. 당시 자기보다 더 멀고 거친 곳으로 떠나는 형이 걱정되어 눈물이 마르지 않았던 정약용은 한 편의 시로 형의 안부를 빌기도 했다.

초가 주막 새벽 등불 어스름한데
일어나 샛별 보니 이별에 슬픈 마음

두 눈만 말똥말똥 두 사람 말을 잃고
애써 목청 다듬으나 울음이 터지네

흑산도 멀고 먼 곳 하늘에 가 닿은 곳
그대는 어찌하여 그곳으로 가시나요?

고래는 이빨이 산과 같아서
배를 삼켰다가 다시 뿜어낸다 하고

나뭇가지만 한 지네에
독사가 등나무 덩굴처럼 엉겨 있다오

-〈율정의 이별〉 중에서

노년이 되자 귀양살이하는 남편을 뒷바라지하며 고생한 아내에게 미안함과 고마움도 잊지 않았다. 75세에 이르러 결혼 60주년을 앞두고 정약용은 다음의 시로 아내에 대한 사랑을 표현했다.

오늘 밤 시 읽는 소리 더욱 다정하고
그 옛날 붉은 치마에 먹 흔적 남아 있네

쪼개졌다 다시 합한 그것이 우리 운명
한 쌍의 술잔 남겨 자손에게 물려주리

-〈회혼일에〉 중에서

정약전과 《자산어보》

정약전(1758~1816)은 정약용의 둘째 형으로 호는 손암이다. 젊을 때 권철신 밑에서 공부를 하였으며 대과에 급제하여 정조의 신임을 받기도 하였다. 정조는 정약전이 정약용보다 인물됨이 더 낫다고 평가하기까지 했다. 이후 정약전은 천주교와 서학을 받아들인 죄로 정약용과 함께 유배를 가게 되었다.

《자산어보》는 1814년(순조 14)에 정약전이 유배지인 흑산도에서 쓴 해양 생물에 관한 연구서로 3권 1책으로 이루어져 있다. '자산'이란 흑산도의 '흑산'과 같은 뜻이다. 이 책은 흑산도 바다의 수많은 생물을 주민의 도움을 받아 하나하나 분류하여 정리하고 있다. 과학적인 오늘날의 분류 방법과는 다르지만, 나름의 기준을 세워 정리하고 어민들의 실제 생활에 큰 도움을 준 책이라는 점에서 의미를 가진다. 정약전은 어종을 1종 인류, 2종 무인류, 3종 개류, 4종 잡류로 분류하여 직접 관찰한 결과를 자세하게 적었다. 물론 오늘날의 기준에서는 맞지 않는 부분이 많고, 개인적이고 직관적이라는 한계는 있지만 물고기를 연구했다는 그 자체로도 대단한 가치와 의미가

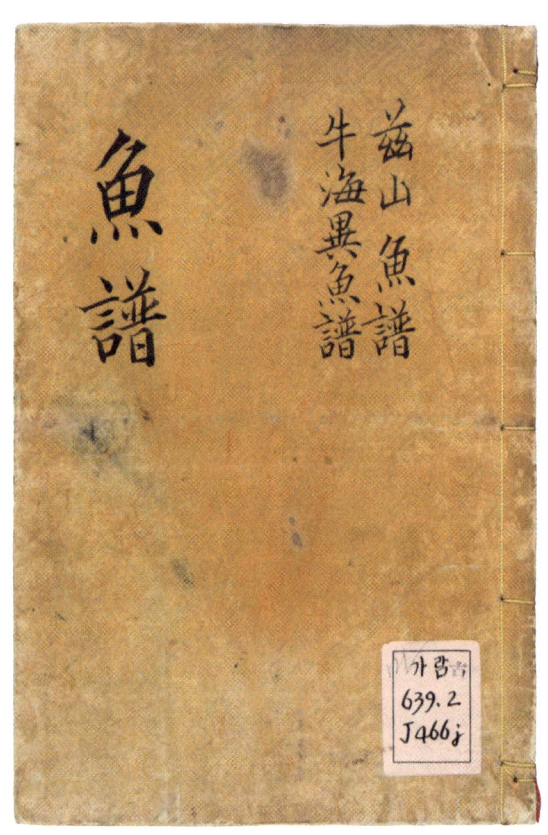

《자산어보》

있는 것이다. 특히 청어와 고등어가 계절에 따라 이동하는 것을 조사한 유일한 자료로, 오늘날에도 귀중하게 평가되고 있다.

정약전은 '흑산 앞바다에 사는 물고기는 매우 종류가 많고 풍부하지만 그 이름이 알려진 것은 희귀하여 박물학자들이 마땅히 살펴보아야 한다.'라고 서문을 남겼다. 정약전은 전통적인 학문뿐 아니라 실사구시와 이용후생의 관점으로 다양한 분야를 연구해야 한다고 생각했고, 그중에서도 자연물의 이름과 고증을 중시하게 되었다. 이미 책을 통하여 생물에 대한 지식을 풍부하게 갖고 있던 정약전은 유배 생활의 외로움과 여유로운 시간으로 인해 자연스럽게 주변 생물에 관심을 가지게 되었고, 어부를 따라서 다양한 물고기를 접하며 그 기록을 정리할 결심을 했다.

또한 정약전은 이 책이 해양 생물을 이용한 질병 치유에도 도움이 되기를 바랐고, 우리 민족의 자주적인 문학 창작에도 활용되기를 바랐다. 당시에는 생소한 중국의 물고기를 인용하며 시를 짓는 것이 일반적이었는데, 그는 그것이 우리의 자주성을 해치는 일임을 알고 있었다. 중국에서만 사는 물고기가 우리나라 시에 나올 필요도 없고 이해하기도 어려운 것은 당연한 일이다. 그런 점을 비판한 정약전은 우리 물고기를 우리가 바로 알고 시에도 바르게 인용하기를 바란 것이다. 그런 시도는 우리 문화에 대한 긍지와 사랑, 자부심에서 비롯된 것이었다.

8장
세상을 바꾸는 생각

강진 유배 생활 중 정약용은 답답한 사의재를 벗어나 근처 절에 들렀다.

"여기가 백련사인가? 정말 경치가 좋구나."

그곳에서 혜장이라는 승려를 만난 정약용은 일부러 자신의 정체를 드러내지 않고 말을 건넸다.

"지나가는 선비인데 참 아름다운 사찰이라 들렀소이다."

"어서 오십시오. 달리 대접해 드릴 것은 없으나 이 차를 권해 드립니다. 잠시라도 근심과 괴로움을 덜 수 있을 것입니다."

혜장의 말대로 정약용은 차의 향기에 마음이 편안해지는 것을 느꼈다.

"좋은 차를 마시고 가니 몸과 마음이 한결 가벼워진 것 같군요."

떠나려는 정약용의 팔을 혜장이 잡았다.

"선생께서 누구신지 이미 알고 있었습니다. 너무나 뵙고 싶었는데 이렇게 그냥 가시면 제가 섭섭합니다."

정약용은 놀랐지만 이내 온화한 미소로 그의 손을 부드럽게 잡았다.

"그대가 책을 많이 읽는다 들었는데 궁금한 점은 없는가?"

"선생의 가르침을 얻고 싶었습니다."

그렇게 44세의 정약용은 34세의 혜장을 만나 불교와 유교에 대하여 밤을 새워 토론하면서, 새롭게 차에 눈을 뜨게 되었다. 아쉽게도 혜장이 40세에 생을 마감하여 함께한 시간은 짧았지만, 함께 시를 쓰고 토론을 하며 보람된 시간을 보낼 수 있어 정약용에게 큰 힘이 되었다. 그리고 혜장의 도움으로 좁고 답답한 사의재 방을 벗어날 수 있었다.

"선생께서 계시는 사의재는 참 좋은 곳이지만 책을 둘 공간도 부족하고 주막을 드나드는 손님들로 너무 소란하니 걱정입니다."

"다른 방도가 없네. 나라의 죄인이 등을 대고 누울 공간 하나 있다는 것도 감지덕지일세."

"혹 괜찮으시다면 절간의 조용한 곳을 하나 권해 드려도 될는지요?"

혜장은 강진의 보은산에 있는 고성사라는 절로 안내했다. 고성사 안에는 조용하고 아늑한 작은 집 '보은산방'이 있었다. 함께 노력하고 생각을 나눈 소중한 친구, 혜장의 도움으로 정약용은 한결 편안하고 여유로운 마음으로 학문 연구에 몰두할 수 있었다.

그러던 어느 날, 정약용은 백련사와 가까운 다산 초당에 들르게 되었다. 다산 초당은 '다산'이라는 작은 동산에 있는 초가집이었다. 다산 아래 귤동이라는 마을에 정약용의 외가와 친척인 해남 윤씨들이 모여 살고 있었는데, 이곳으로 윤단이라는 선비가 정약용을 초대한 것이다.

"정 선생, 외가라 생각하고 자주 들르십시오. 누추하지만 아이들에게 글을 가르치며 책을 읽는 곳을 보여 드리겠습니다."

정약용은 다산 초당에 들어서는 순간 그 매력에 흠뻑 빠져 버렸다.

> 사는 곳 정처 없이 안개 노을 따라다니는데
> 이곳 다산에는 골짜기마다 차나무로다
> 저 멀리 수평선에 때때로 돛단배 뜨고
> 봄이 깊은 뜰에는 여기저기 꽃도 많네
> 싱싱한 새우무침 아픈 몸을 다스리고
> 못과 누대 초라해도 살기에는 딱 맞네
> 흡족한 마음이 분에 넘칠까 근심되니
> 여기서 노니는 것 들킬까 자랑하지 않으리
>
> -〈삼월, 다산 서옥에서 노닐며〉 중에서

정약용은 초당을 **서옥**이라고 부르며 책을 읽기에 좋은 곳이라고 생각했다. 평화롭고 아름다운 경치에 넋을 잃고 감탄하며 좋아하는 차나무가 많은 것에도 흡족해했다.

"마음에 드시면 이번에 거처를 옮기시는 건 어떻겠습니까?"

"그렇게만 해 주신다면 부족한 사람에게 큰 은혜가 될 것입니다."

정약용은 크게 기뻐하며 당장 다산 초당으로 짐을 옮겼다.

마당에는 널따란 바위를 두어 차를 끓이고 마시는 탁자로 활용했다. 그리고 초당 바로 옆의 깎아지른 바위에 글자를 새겼다.

"이 돌은 내 마음을 알아주려나……."

정약용은 돌에 글자를 새기면서도 길고 복잡한 글은 생각하지 않았다. 오직 '정석'이라고만 했다. '정(丁)'은 정약용의 성씨이고 '석(石)'은 말 그대로 그냥 돌을 뜻한다. 그러니 '정약용의 돌'인 것이다.

'내가 이 초당에 살게 된 것만도 고마운 일인데 더 무슨 욕심을 가질까. 세상 어디에도 온전히 내 것이 없지만 이 돌만은 내 것으로 하고 싶구나.'

지금도 옛 모습 그대로 남아 있는 '정석' 두 글자는 정약용의 생각을 읽을 수 있는 소중한 유물이다.

"이 초당에서 네 가지의 경치를 손에 꼽을 것이니 첫째는 바위 위의 '정석'이며, 둘째는 맑은 물이 솟는 샘인 '약천', 셋째는 차 끓이는 너럭바위 '다조', 마지막은 연못 안에 돌로 쌓은 '석가산'이다."

'이제 학문을 위한 터전이 온전히 마련되었으니 더욱더 학문에 힘을 써야 할 것이다. 쉬지 말고 책을 읽고 글을 써야겠구나.'

초당이 자리를 잡자 제자들이 구름같이 몰려들었다.

서옥(書屋)
책 서, 집 옥. '책을 읽는 집'이라는 뜻.

"선생님께 학문을 배우고 싶습니다. 선생님의 크신 뜻을 다 헤아리기는 어렵지만 열심히 노력하겠습니다. 저희를 제자로 받아 주십시오."

제자를 가르치며 학문에 몰두한 정약용은 당시 조선이 완전히 무시하며 취급도 하지 않던 일본의 학문까지 연구했다.

"선생님, 어찌하여 하찮은 왜국의 글까지 보십니까?"

"모르는 소리다. 내가 몇몇 일본 학자의 글을 읽어 본 바 아주 명문장이고, 어떤 것은 우리의 것보다 훨씬 뛰어났다. 왜국의 가장 뛰어난 점이 무엇인지 아느냐?"

"잘 모르겠습니다."

"왜국에는 과거 시험으로 벼슬아치를 뽑는 제도가 없다. 과거제는 학문을 한쪽으로 치우치게 하는 경향이 있지. 그래서 과거 시험에 얽매이지 않으면 제대로 된 학문을 할 수가 있다. 지금에 와서는 왜국의 학문이 오히려 우리의 학문을 넘어선다고 봐야 한다."

이렇게 다른 나라의 학문을 존중하며 연구했지만, 청나라든 일본이든 잘못된 연구나 글을 보면 매섭게 비판하기도 했다.

정약용은 다산 초당에 자리를 잡자 본격적으로 책을 쓰는 데 몰두했다. 그리하여 56세에 《경세유표》를 썼다. 《경세유표》는 토지, 군사, 조세, 행정 등 나라를 다스리는 모든 제도에 대한 개혁안을 제시한 책이다.

정약용은 부패한 나라를 지금 당장 개혁하지 않으면 반드시 망할 것이라는 경고를 던졌다. 그러나 자신은 중죄인이므로 나라에 의견을 올릴 자격도 없으니, 혹시 죽은 뒤에라도 죽은 신하의 의견으로 받아들여 주기만을 바란다는 유언의 의미로 '유표'라 하였다. 실제 내용은 나라를 망하게 이끄는 신하들을 향해 엄중한 경고이자 강력한 조언을 하고 있지만, 억울한 누명으로 10년 넘게 유배 생활을 하는 죄인 신분으로서 차마 이를 드러내지 못하는 안타까운 마음을 담아 '유표'라는 이름을 붙인 것이다.

'농업이 근본인 조선에서는 토지가 가장 중요한 나라의 재산인데, 일부 양반들만 토지를 넘쳐나게 갖고, 대부분의 백성들은 밭 한 떼기 없이 평생을 힘들게 살아가고 있다. 이래서는 나라가 부강해질 수가 없다. 정전제만이 나라를 구할 수 있는 토지 개혁안이 될 것이다.'

양반들의 토지 독점을 막고 농부들이 일한 만큼 보상을 받게 해 주는 정전제는 정약용이 생각한 가장 이상적인 토지 개혁안이었다.

또한 정약용은 관리들의 업적을 철저하게 기록하고 평가해서 열심히 일하는 관리들을 알맞게 대우하고 놀고먹는 관리들은 사라지게 해야 한다고 주장하기도 했다. 그만큼 당시 관리들의 부패는 심각했다. 그래서 쓴 책이 《목민심서》이다.

'현재의 법을 토대로 해서 목민관이 백성을 돌보는 방법을 일러 주는 책이다. 기강을 바로 세우고, 성실히 봉사하며, 백성을 사랑하는 목민관을 길러 백성 한 사람이라도 그 혜택을 입을 수 있기를 바랄 뿐이다.'

무엇보다 관리의 청렴을 중요시했던 정약용은 제자들에게도 늘 이렇게 강조했다.

"공자님 말씀에 스스로를 바르게 하면 명령을 내리지 않아도 사람들이 자신의 뜻을 따르지만, 스스로가 바르지 않으면 아무리 명령을 내려도 따르는 사람이 없다고 하였다. 관리들이 자신을 바르게 세우면 백성들이 따르지 않을 자가 없고 고을마다 기쁨이 넘칠 것이다. 너희는 이 점을 꼭 명심하여 따라야 할 것이다."

이어서 정약용은 여러 가지 사건을 조사한 경험을 바탕으로 《흠흠신서》를 썼다. 법률의 공정한 재판에 대하여 방법을 안내하면서, 살인 사건에서 억울한 피해자가 발생하지 않도록 철저히 조사하고 수사하라는 것을 강조했다. 특히 양반들이 신분이 낮은 백성의 목숨을 천하게 여기고 함부로 다루는 것을 강하게 경고하였다. 살인 사건은 가장 강력하고 위험한 범죄이므로 범인은 거의 무조건 사형을 받게 되니, 사람의 목숨이 달린 사건인 만큼 더 철저히 수사하여 절대로 실수가 없도록 하라는 조언이었다.

정약용의 모든 책에는 잘못된 세상을 바꾸고자 하는 생각이 담겼다. 현재 상황을 정확하게 조사하고 판단하여 의사가 처방을 내리듯 잘못된 점을 고쳐 나가고 나라를 더 강하게 발전시키고자 한 개혁 정신이었다. 유서라 생각할 정도로 절박한 마음으로 자신보다 나라를 더 걱정하였고, 잘못된 제도에 온몸을 던져 저항하며 세 권의 책 '**일표이서**'를 썼지만, 바깥세상에서는 그런 책이 있는지도 모르고 있었다. 세상을 바꿀 수 있는 책이 있었지만, 간절한 목소리를 들어 줄 사람은 없었던 것이다.

일표이서(一表二書)
일표는 《경세유표》, 이서는 《목민심서》와 《흠흠신서》를 일컫는다.

《목민심서》

　관찰사, 수령 등 지방관을 뜻하는 '목민관(牧民官)'이라는 말에는, 가축을 기른다는 의미의 '목' 자를 써서 소나 양을 먹이며 정성껏 돌보듯 백성을 다스려야 하는 지방관의 자세가 담겨 있다. 《목민심서》는 정약용의 가장 유명한 저서로, 목민관이 반드시 가져야 할 마음가짐과 의무를 상세히 기술하고 백성을 살기 좋게 하는 방법을 일러 주는 책이다. 모두 48권 16책으로 되어 있으며, 부임, 율기, 봉공 등 12편으로 나뉘고 각 편은 모두 6조로 나뉘어 모두 72조로 구성되어 있다. 정약용이 57세 때부터 쓴 책으로 귀양살이가 풀리던 1818년(순조 18)에 완성되었다.

　정약용은 목민관이었던 아버지를 보고 얻은 느낌과 경기 지방에서 암행어사로 활동한 경험, 황해도 곡산 부사로서 직접 지방 행정을 맡아본 경험을 토대로 지방을 다스리는 수령들이 지켜야 할 태도와 행동 지침을 적어 나갔다. 무엇보다 목민관이 최소한의 양심을 지켜 청렴함만 유지하면 백성의 고통이 줄어들 것이라며 청렴의 실천을 당부했다. 동시에 목민관은 뛰어난 사람만을 파견해야 하는 자리이며, 아전들을 잘 단속하여 세금이 바르게 거둬지도록 해야 함도 강조했다. 백성 사랑, 형벌 적용, 자기 관리, 나라를 위한 봉사의 자세를 자세히 설명하여 수령들이 쉽고 정확하게 실천하기를 바랐으며, 예와 질서를 숭상하고 호적 관리를 정확히 하여 바르게 세금을 매겨야 함을 강력하게 주장했다. 무엇보다도 백성의 피와 땀으로 편안히 먹고 마시며 즐기기를 당연시했던 당시 수령들의 부정부패와 백성에 대한 횡포를 비판하고, 백성이 살기 어려워지면 수령도 편히 살 수 없음을 알려 주었다.

　《목민심서》에 나온 내용만이라도 당시 수령들이 잘 지켰다면 조선 백성들이 그렇게 가난하고 힘들게 살지 않았을 것은 확실하다. 《목민심서》는 오늘날에도 정치가와 리더들이 꼭 읽어야 할 책으로 꼽을 만큼 백성의 입장을 먼저 생각하고 바른 정치를 할 수 있는 지침을 전해 주는 뛰어난 고전이다.

《목민심서》의 목차와 내용

1. 부임(赴任): 목민관으로 부임할 때의 유의 사항
2. 율기(律己): 목민관의 생활 수칙, 자신을 다스리는 방법
3. 봉공(奉公): 임금을 바르게 섬기고 사람 간의 예의를 지킴
4. 애민(愛民): 어려운 처지의 백성을 돌보는 방법
5. 이전(吏典): 인재를 다룰 때의 유의 사항
6. 호전(戶典): 세금 징수를 정확히 하여 부정을 막아야 함
7. 예전(禮典): 제사를 받들고 미풍양속을 장려
8. 병전(兵典): 외적의 침입에 항상 대비하고, 군포 납부에 부정이 없어야 함
9. 형전(刑典): 죄인을 다스리고 공정하게 재판하는 방법
10. 공전(工典): 산림, 수리 시설, 도로 시설 등의 관리 방법
11. 진황(賑荒): 재해에 대비하여 백성들을 구제하는 방법
12. 해관(解官): 임기를 마치고 물러날 때의 유의 사항

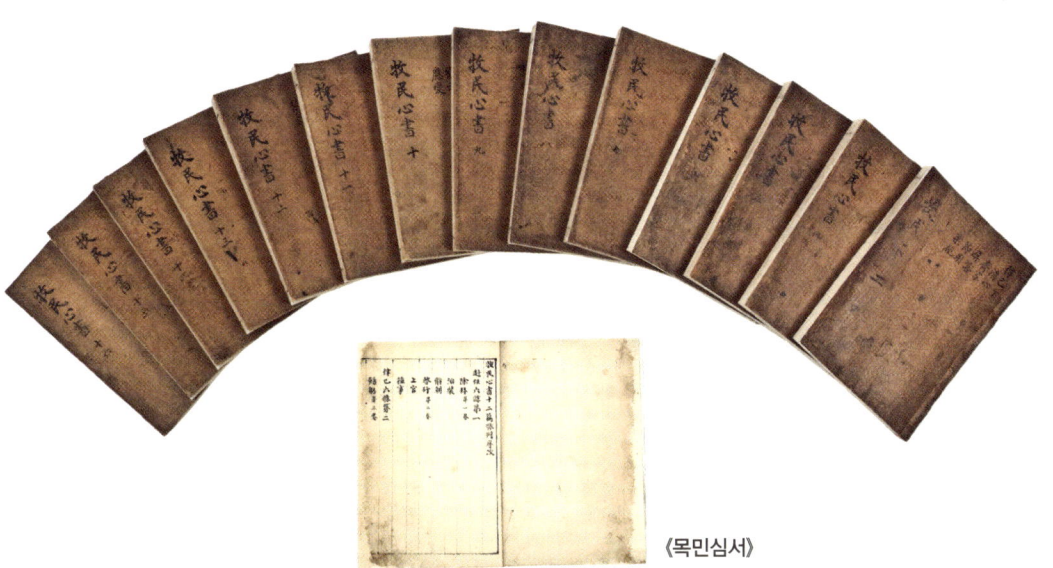

《목민심서》

9장
벼는 익을수록 고개를 숙이니

다산 초당에서 글쓰기에 몰두하고 있을 때, 드디어 기다리고 기다리던 소식이 왔다.

"선생님, 드디어…… 드디어 유배가 풀리셨다고 합니다! 이렇게 기쁠 데가……."

"그것이 정말이냐? 듣고도 믿어지질 않는구나. 정말로 **해배**가 맞는 것이냐?"

"예, 정말입니다. 이제 고향으로 돌아가실 수 있습니다!"

"그래. 이런 날이 오기는 하는구나."

《흠흠신서》를 쓰던 늦여름 8월, 정약용은 드디어 18년간의 유배에서 풀려나게 되었다.

"나라의 명령이니 갑자기 돌아갈 수밖에 없구나. 그러나 내 너희들을 절대 잊지 않을 것이니 공부를 게을리하지 말아라. 틈나는 대로 와서 볼 것이다."

"선생님, 부디 안녕히 가십시오."

"선생님, 저희를 잊지 마십시오."

"그래, 늘 몸을 건강히 하고 게으름을 피우지 않으며 학문에 정진하도록 하여라."

다산 초당은 눈물바다가 되었다. 스승의 해배 소식은 무엇보다 기쁘고 꿈에도 그리던 일이었지만 스승과 헤어져야 하는 제자들은 너무나도 아쉽고 서운했다.

정약용은 짐을 싸면서 몇 번이나 멍하니 하늘을 올려다보았다.

'잘 있거라, 소중한 제자들아. 그리고 정들었던 강진의 산천과 풀과 바람도, 순박했던 사람들도…… 모두들…….'

정약용이 유배지에서 돌아와 고향에서 지낼 무렵, 조정에서도 작은 변화가 있었다.

"전하, 정약용의 학문적 성과가 대단하며 이제 죄에서도 벗어났으니, 마땅히 그의 높은 식견을 활용할 수 있는 적합한 벼슬자리가 주어져야 할 것이옵니다."

해배
유배에서 풀어 줌.

"지당한 말씀이옵니다. 홍문관에서의 경력으로 보나, 지방관으로서의 업적으로 보나 정약용만 한 사람이 없습니다. 마땅히 다시 불러 백성들을 굽어살피게 하심이 옳은 줄로 아뢰오."

신하들의 말은 한결같이 정약용을 다시 벼슬자리에 등용하자는 것이었다. 순조 임금도 마음이 거의 정해졌다.

"경들의 말이 일리가 있소. 과인도 그렇게 생각하던 참이었소."

흐뭇한 웃음을 짓는 순조 임금의 말이 끝나기 무섭게 번개같이 끼어든 인물이 있었다.

"전하, 아뢰옵기 황공하오나 정약용은 엄연히 아직 죄인이옵니다. 전하의 크신 은덕으로 풀려난 것만도 과분한 은혜이온데 벼슬자리는 당치도 않사옵니다."

그는 서용보였다. 오래전부터 정약용에게 앙심을 품고 방해를 해 왔던 서용보 때문에, 정약용은 결국 다시는 벼슬길에 들어서지 못하고 고향 여유당에서 일생을 마감해야 했다.

그러나 여유당에서 정약용의 일상은 지루할 틈이 없었다. 정약용의 명성을 듣고 많은 학자들이 찾아왔기 때문이다. 정약용은 그들을 기꺼이 맞아들이고 토론하기를 즐겼다. 모두들 정약용의 앞선 생각과 깊은 학식, 훌륭한 업적에 감탄하였다. 그러나 추사체로 유명한 서예가이자 학자인 김정희는 조금 달랐다.

"선생께서 말씀하신 새로운 생각도 일리가 있지만 분명한 증거가 없는 부분도 있습니다. 어리석은 저의 소견으로는 전해져 오는 학문을 따르는 것이 더 낫다고 생각합니다."

정약용의 둘째 아들인 학유와 동갑이었던 김정희는 정약용의 이론에 정면으로 반대했다. 정약용은 당파나 나이에 연연하지 않고 학문적 충고와 조언을 받아들여 고치고 다듬었다. 김정희의 강한 비판에도 조금도 화내지 않았다.

"제 생각이 짧아 부족한 부분이 있었나 봅니다. 선생께서 지적해 주신 내용을 다시 살펴보고 고쳐 나가도록 하겠습니다."

익을수록 고개를 숙이는 벼처럼 정약용은 겸손했다. 아들뻘인 사람에게도 공손히 예를 갖추었다. 학문에 관한 의견이면 누구의 것이든 존중했고 의견을 말하는 데 있어 나이나 신분 등으로 높낮이를 두지 않았다. 오직 학문 자체만 생각했다.

1822년, 정약용은 61세로 회갑을 맞았다. 회갑을 맞은 정약용은 스스로의 일대기를 정리하여 직접 자신의 **묘지명**인 '자찬묘지명'을 지었다.

'이 글에는 내가 쓴 모든 책을 밝히고 그동안 연구한 결과를 상세히 기록해 두리라.'

그리고 다산 초당에서 집필을 시작했던《경세유표》44권,《목민심서》48권,《흠흠신서》30권의 이른바 '일표이서'를 마침내 모두 정리하여 완성하

묘지명
묘지에 기록하여 죽은 이를 기리는 글.

였다. 그 외에도《아방강역고》,《아언각비》,《마과회통》등 평생 동안 집필한 수많은 책도 전부 정리하여 완성하였다.

　이렇게 학문을 정리하면서도 동시에 시를 짓고, 학자들과 토론하며, 전국 각지를 여행하고 유람했다. 벼슬길에 나아가지 못해도 조금도 시간을 허투루 보내지 않았다. 정약용은 그렇게 보람 있는 시간을 60대와 70대에 즐겼다.

　안경을 쓸 정도로 나빠진 눈, 잘 안 들리는 귀, 벗겨진 이마를 한탄하며 나이 들어 감을 안타까워하기도 하였지만, 동시에 노인이 되어 가면서 더 여유롭고 자유로운 마음이 생기는 것도 즐거워하였다. 그렇게 정약용의 노년은 저물어 갔다.

　어느덧 나이는 75세에 이르러 결혼 60주년을 앞두게 되었다.

　잔치를 앞둔 아침, 정약용의 방문이 열렸다.

　"아버님, 문안 인사 여쭙겠습니다."

　"……."

　"할아버지?"

　"……."

　정약용은 효심 깊은 아들들과 손자들의 아침 문안을 받지 못했다. 더 이상 눈을 뜰 수 없는 깊은 잠에 빠져 버린 것이다. 어렵고 힘든 시간을 보냈지만, 세상에 대한 조금의 원망이나 울분 없이 평화롭고 고요한 마지막이었다.

　그는 평생을 바쳐 이루어 낸 학문의 업적으로 셀 수도 없을 만큼의 책을 썼고, 누구라도 인정하지 않을 수 없을 만큼 뛰어난 시와 글을 남겼다.

"나는 이제 늙고 살 만큼 살았으니 언제 떠날지 모른다. 내가 죽거든 너무 슬퍼하지 말고 이 책에 적어 놓은 대로 정확히 지켜 장례를 끝마치도록 해라."

"아버님, 무슨 말씀이시옵니까? 차마 들을 수 없는 말씀을 거두어 주십시오."

"할아버지, 무서워요. 아직 그런 말씀은 하지 마십시오."

"허허, 사람은 누구나 태어나면 언젠가 가는 것. 이 늙은이가 가는 것은 당연한 이치이다. 다른 소리 말고 반드시 이 책대로 법도와 절차를 정확히 지켜야 한다. 만일 하나라도 제대로 따르지 않는 것이 있다면 너희는 천하의 불효자가 되느니라. 내가 저승에서라도 결코 용서하지 않을 터이니 명심하여라."

회갑을 맞던 날, 정약용은 유교적으로 바람직한 장례와 제례 절차를 기록한 책을 아들들에게 주었다. 거기에는 죽은 사람에 대한 장례 절차가 매우 꼼꼼하고 자세하게 적혀 있었다.

'살면서 천주학을 한번 알게 된 탓에 죽을 때까지 천주학에 빠진 자라 손가락질을 받았는데, 죽어서라도 천주학쟁이가 아님을 떳떳이 밝혀 보이고 싶구나.'

그것이 정약용의 속마음이었다. 평생을 유교의 정신으로 살며 유학을 따르고 연구한 정약용은 천주교 신도로 몰리는 것이 너무나 억울하고 안타까웠다. 유학의 정신을 존중하는 학자로서, 정약용은 백성의 아픔을 함께

하고 백성들이 잘 살기 위한 방법을 찾기 위하여 실학을 연구한 것이다.

유교의 원칙을 지키되 성리학의 폐해에 빠지지 않고, 오직 백성을 사랑하는 정신으로 학문을 연구하고 세상을 개혁하고자 했던 진정한 학자 정약용. 그는 이러한 자세로 평생을 바쳐 방대한 양의 책을 쓰고, 누구라도 인정하지 않을 수 없을 만큼 뛰어난 시와 글을 남겼다. 비록 당시에는 불행히도 그 지혜와 깊은 뜻을 펼치지 못하고 세상에 잊힌 채 외롭게 지냈으나, 그가 남긴 수많은 책을 통해 우리는 그를 기억하며 오직 백성을 위해 일하고자 했던 훌륭한 정치가가 있었음을 자랑스럽게 여기고 있다.

그리고 몇백 년이 지난 오늘날, 우리의 소중한 학자를 세계가 알아보게 되었다. 2012년에 유네스코는 정약용 탄생 250주년이 되는 날을 기념일로 정하기도 했다. 살아 있을 때는 철저히 버려지고 외면당했던 천재 학자는 이제야 제대로 된 평가를 받고 새로운 생명을 얻어, 영원히 우리 곁에 있게 되었다.

● 정약용에게
  묻다
  오늘날의 우리들이
  알고 싶은 이야기

Q 선생님은 어릴 때부터 공부를 좋아하셨다고 하는데요. 우리는 사실 공부하는 게 정말 싫거든요. 어떻게 공부가 좋을 수 있었나요?

정약용: 하하하, 공부가 싫다고요? 물론 내가 어릴 때도 공부를 싫어하는 친구가 많았어요. 나도 공부보단 노는 것을 더 좋아했고요. 놀이가 공부보다 더 재미있으니 당연한 일이지요. 그렇지만 공부도 놀이와 비슷한 거라고 생각해 보세요. 책 속을 마음대로 뛰어다니며 내 생각과 책의 생각을 비교해 보고, 사냥하다가 토끼를 잡는 것처럼 공부하다가 문제의 답을 찾으면 얼마나 신나고 재미있겠어요? 오직 사람만이 옛날부터 꾸준히 쌓아 온 지식들을 배우고 익히는 즐거움을 알 수 있지요. 내 생각을 글로 쓰는 일이나 세상의 이치를 풀어낸 과학과 수학 같은 오묘한 학문을 만나는 일은

내게 큰 기쁨이었답니다. 요즘은 서양의 말도 배운다면서요? 나도 어렸을 때 중국어와 일본어를 배웠는데 다른 나라 말을 알면 세상을 훨씬 더 넓게 알게 되지요. 이제 공부를 조금 다르게 생각할 수 있겠지요?

Q 선생님은 왜 나라에서 금지하는 천주교를 받아들이셨나요?

정약용: 당시 조선의 과학 기술은 수준이 무척 낮았어요. 양반들은 기술을 천시했고, 뛰어난 기술자가 없으니 백성들은 불편하고 가난할 수밖에 없었지요. 나는 그때 서양에서 중국으로 들어온 과학 기술을 배우려고 했는데, 그 서양의 기술은 천주교에 바탕을 두고 있었어요. 그렇지만 나는 유학자이고 조선의 기본도 유교에 있었기에 그 정신을 거스르는 천주교를 옳다고 여기지는 않았어요. 단지 사람은 평등하다는 생각과 사람에게 유익한 기술을 발전시켜야 한다는 천주교의 생각이 옳다고 느낀 것뿐이지, 신앙을 가진 것은 아니었어요. 그렇지만 천주교를 동반한 서학의 기술을 배워 배다리와 거중기를 만든 것은 사실이에요. 나보다 뛰어난 기술을 가지고 있는 사람에게 배우는 것은 당연한 일이지 않겠어요?

Q 선생님은 왜 그렇게 많은 책을 쓰셨나요?

정약용: 당시 조선은 어느 한 군데 썩지 않은 곳이 없었어요. 가장 큰 이유는 관리들이 제 역할을 못 한 데다가 공정하고 청렴하지 못했기 때문이지요. 나는 곡산 부사 시절에 우리 고을의 백성만이라도 편안하게 해 주려 노력하였고, 유배를 갔을 때에는 책으로라도 방법을 안내해 주고 싶었어

요. 죄인의 말에 귀 기울여 주지 않을 것이라는 것을 알았지만, 도저히 쓰지 않고는 견딜 수가 없을 만큼 나라가 답답하고 절망적이었지요. 고맙게도 후세 사람들이 그것을 이해하고 실천해 주어서 다행이라고 생각해요. 어떻게 보면 유배를 가지 않고 계속 조정에서 벼슬만 하고 있었다면 백성의 괴로움을 그렇게까지 알지 못했을 것이고, 일이 바빠서 책을 많이 쓰기도 힘들었을 테니 두 차례의 유배가 오히려 고마운 기회가 된 셈이군요.

Q 선생님은 왜 억울한 누명을 수없이 쓰고도 죄가 없다고 하지 않으셨나요?

정약용: 이미 나에게 죄가 있다고 믿고 나를 없앨 기회만 노리는 사람들에게 죄가 없다고 한들 소용이 없으니까요. 또한 내가 벌을 받지 않으면 또 다른 억울한 사람이 큰 벌을 받을 수도 있었어요. 그런 것은 양심이 허락하지 않는 일이지요. 정조 임금께서 저를 많이 도와주시고 수없이 용서해 주셨으니 더 이상 자비를 구하는 것도 도리가 아니고요. 억울한 부분이 있더라도 죄인은 법에 따라 죗값을 치러야지요. 그래야 나라의 질서가 바로 서고 백성이 나라의 법을 존중하게 됩니다. 내가 늘 그렇게 가르쳤으니 당연히 그렇게 해야지요.

Q 선생님을 존경하는 아이들이 배울 점을 말씀해 주세요.

정약용: 무슨 일을 하든 많이 연구하고 성실하게 노력해서 바른 결과를 얻어야 해요. 그 과정에 독서는 절대 빠져서는 안 되고요. 책을 읽으면서 내 생각을 정리하고 표현하는 것보다 즐겁고 보람된 일은 없습니다. 그리고 항

상 겸손하고 공정하고 청렴해야 합니다. 어릴 때부터 그러한 마음가짐을 가지고 있어야 바른 사람으로 자랄 수 있어요. 나아가 공정과 청렴은 나라를 튼튼하고 정의롭게 만듭니다. 또한 효와 우애에 바탕을 둔 우리 고유의 문화를 발전시키고 우리만의 예술도 만들어 가야 해요. 다른 나라의 것을 무작정 받아들이거나 베끼지 말고 우리 것으로 변형하여 가꾸어 나가야 합니다. 학문이든 예술이든 우리 민족의 삶에 도움이 되도록 해야 합니다.

Q 어린이들이 어떻게 책을 읽고 공부를 하면 좋은지 방법을 가르쳐 주세요.

정약용: 책을 읽을 때에는 세 가지 방법을 써야 합니다. 첫째는 '정독'으로, 바르게 끝까지 읽어 내용을 정확히 이해하는 것입니다. 또한 여러 번 반복하여 읽어서 기억이 오래가도록 해야 합니다. 필요하다면 관련된 다른 책도 읽어서 내용을 이해하는 데 부족함이 없는 것이 좋아요. 두 번째는 '질서'라 하여 기록하며 책을 읽는 것입니다. 읽다가 잠깐이라도 스쳐 지나간 생각을 적어 두면 자신의 생각을 정리하고 책에 대하여 궁금한 것도 정확히 찾아낼 수 있지요. 마지막으로 '초서'가 있습니다. 책을 읽다가 중요하거나 마음에 들거나 인상적인 부분이 있으면 그 부분을 그대로 베껴 쓰는 것으로, 가장 확실한 기억법이자 학문을 내 것으로 만드는 가장 좋은 방법입니다. 또한 수많은 책들 가운데 정말 나에게 필요한 것만 베껴 쓰니까 '선택'과 '집중'이 가능해지지요. 이 모든 과정은 처음에는 힘들고 지루하여 포기하고 싶을 수 있지만, 조금만 참고 꾸준히 하면 큰 효과를 얻게 될 것입니다.

정약용이 걸어온 길

- 1762년 6월 16일 경기도 광주 마재리에서 정재원과 해남 윤씨의 4남 1녀 중 4남으로 태어남.
- 1771년 자신이 쓴 시를 모아 《삼미자집》을 펴냄.
- 1776년 홍화보의 딸과 혼인함.
- 1777년 성호 이익의 학문을 좇아 연구하기 시작함.

- 1792년 수원 화성을 설계함.
- 1794년 홍문관 수찬이 됨. 경기 암행어사가 되어 15일간 네 개의 고을을 순찰함.
- 1797년 황해도 곡산 부사가 됨. 《마과회통》을 씀.
- 1799년 병조 참의, 동부승지를 거쳐 형조 참의가 됨. 천주교도로 몰리자 벼슬을 떠남.

1780 1790 1800

- 1783년 2월 정약전과 함께 초시에 합격하고, 4월 진사시에 합격하여 성균관에 들어감.
- 1789년 대과에 급제함. 초계문신에 임명되어 규장각에서 특별 교육을 받음. 배다리 설치하는 일을 맡아 완성함.

- 1800년 정조 승하함.
  고향으로 돌아가 《여유당기》를 씀.
- 1801년 신유박해 때 경상도 장기로 유배되었다가
  황사영 백서 사건으로 다시 전라도 강진으로 유배됨.
- 1808년 다산 초당으로 거처를 옮겨 학문을 연구하고
  제자들을 가르침.

- 1822년 《자찬묘지명》을 지음.
  《흠흠신서》 30권을 완성함.

- 1836년 2월 22일 고향 마재에서 세상을 떠남.

1810   1820   1830

- 1817년 《경세유표》 44권을 완성함.
- 1818년 《목민심서》 48권을 완성함. 9월 유배가 풀려 고향에 돌아옴.